Gerhard Wagner

Die Promotion in Kultur-, Kunst- und Medienwissenschaften

Ein Ratgeber für externe Doktoranden

Dr. Frank Grätz Verlag
Bergisch Gladbach

Die Deutsche Bibliothek – CIP-Einheitsaufnahme

Wagner, Gerhard
Die Promotion in Kultur-, Kunst- und Medienwissenschaften:
ein Ratgeber für externe Doktoranden / Gerhard Wagner
Bergisch Gladbach: Grätz, 2001
ISBN 3-89074-011-1

0101 deutsche buecherei

Dr. Frank Grätz Verlag
Braunsberger Feld 12
D-51429 Bergisch Gladbach
Tel.: 02204/81746; Fax: 02204/85288
Internet: http://www.drgraetz.de
Autor: Dr. habil. Gerhard Wagner
Umschlag: Karin Elena Wagner, Berlin
Druck: Books on Demand GmbH – BoD™ D-22848 Norderstedt

Inhalt

Anhang

I Promotion und Motivation

Wissenschaftliche Arbeit erinnert an Schatzgräberei und damit an eine alte Fabel: Ein im Sterben liegender Weinbauer sagte zu seinen Söhnen, daß in seinem Boden ein Schatz vergraben liege. Daraufhin graben diese den Boden von oben bis unten um, ohne aber einen Schatz zu finden. Im folgenden Jahr trägt der so bearbeitete Berg jedoch dreifache Frucht.

Der umfassende Wert einer – und sei es nur zeitweiligen – wissenschaftlichen Betätigung ist nicht nur anhand von „Schätzen" aus Titeln oder Gehalts- und Honorarsummen festzustellen. Er ist auch nicht allein am „Schatz" des Erkenntniszuwachses, an den mehr oder weniger preisverdächtigen Ergebnissen ablesbar, denn diese werden im Ozean des menschlichen Wissens nur ein kleiner Tropfen sein.

Vor allem gilt, daß wissenschaftliche Arbeit die Befähigung zu kreativem Denken fördert, zu logischer, kombinatorischer und differenzierter Situations- und Problemanalyse, zu realistischer Antizipation, zu flexibler Assoziation und phantasievoller Intuition. Das fördert zugleich Selbsterkenntnis, Selbständigkeit und Selbstdisziplin. Und das alles wiederum fördert souveränes Durchsetzungsvermögen, sozialkompetente Kritik-, Konflikt- und Kommunikationsfähigkeit, die traditionsbewußte und zugleich zukunftsorientierte Handlungsbereitschaft.[1] Wer promoviert, demonstriert unübersehbar eine positive Einstellung zu solchen nicht zuletzt beruflich wichtigen Qualitäten. Darum vor allem ist es ‚fruchtbar' – unabhängig davon, was nach der zwei- bis dreijährigen Arbeit mit wöchentlichem Aufwand von 15 bis 20 Stunden an der Promotion, an beruflichen Verbesserungen (sogenannten „Statusvorteilen") kommen wird –, einmal wissenschaftlich gearbeitet zu haben. In umfassendem Sinne ist Promovieren also eine Form der persönlichkeitsprofilierenden Weiterbildung, die zweifellos auch mehr berufliche Einsatzmöglichkeiten, zum Beispiel im Kultur- und Wissenschaftsbetrieb, schaffen kann. In vielen Tätigkeitsfeldern – etwa im Museums- und Verlagswesen – wird für bestimmte Positionen eine Promotion vorausgesetzt.[2] Denn sie stellt eben nicht nur den Nachweis der Befähigung zur wissenschaftlichen Arbeit dar.[3]

---

[1] Siehe dazu Karl-Heinz Brodbeck: *Entscheidung zur Kreativität*. Darmstadt 1995.

[2] Vgl. Hans-Henning Kappel: *Promovieren als Weiterbildung. Promotionsberater erleichtert die Ochsentour*. In: „Frankfurter Allgemeine Zeitung", 7. November 1998, S. 56.

[3] Vgl. die Formulierungen in verschiedenen Promotionsordnungen: „Die vorgelegte Dissertation muß wissenschaftlichen Ansprüchen genügen und originäre wissenschaftliche

Wissenschaftliches Interesse reicht heute als Motiv für eine Promotion also nicht mehr aus. Nur wer die richtige Mischung aus Begabung, Selbstdisziplin, Beharrlichkeit und auch Begeisterung für den Gegenstand besitzt, schafft es. Denn gerade in den sogenannten „Geisteswissenschaften" forschen die meisten Doktoranden – mehr oder weniger gut betreut – weiterhin vor allem als Einzelne, immer wieder bedroht von Isolation, Frustration, Mangel an Statusperspektiven. Das wurde schon vor dreißig Jahren von einem (west-)deutschen Germanisten sarkastisch resümiert:

„Der Doktorand der Germanistik lebt in ständiger Angst. Er bangt um das Wohlwollen seines Doktorvaters und gibt sich alle Mühe, seine Belesenheit in Fußnoten anzudeuten. Das wissenschaftliche Ethos zwingt ihn zu einer gesellschaftlichen Ausnahmestellung, die ihm kaum einen Kontakt mit der Umwelt gewährt. Von den Problemen des Tages nimmt er keine Notiz. Eine Neuerscheinung auf seinem Gebiet schüchtert ihn mehr ein als ein politischer Skandal."[4]

Geändert hat sich an dieser Situation insgesamt nicht viel.[5] Doch kann zumindest für berufsbegleitend Promovierende – für Lehrer, wissenschaftliche Angestellte, Kulturschaffende im weiten Sinne, auch für Rentner – die Betreuung durch eine professionelle, die Ergebnisse letztlich optimierende Promotionsberatung aber – legale – Abhilfe schaffen. Seriöse Wissenschaftsberater erkennt man übrigens daran, daß sie keine Doktoranden/-innen betreuen, die nicht ausreichend motiviert sind, die ihre Dissertation nicht selbständig ohne Zuhilfenahme nur der erlaubten Hilfsmittel verfassen wollen.[6]

Ergebnisse enthalten." (Bauhaus-Universität Weimar, Fakultät Gestaltung, 3. Juli 1996, § 6, Abs. 1.) – „Durch die Promotion soll nachgewiesen werden, daß die Antragstellerin oder der Antragsteller die Fähigkeit besitzt, einen selbständigen Beitrag zur wissenschaftlichen Forschung zu leisten." (Technische Universität zu Berlin, 2. September 1996, § 2, Abs. 1.) – „Durch die Promotion wird eine besondere wissenschaftliche Qualifikation nachgewiesen." (Universität Hamburg, Fachbereich Sprachwissenschaften, 14. Juni 1995 § 1, Abs. 2.) „Die Dissertation muß die Befähigung der Bewerberin/des Bewerbers zur selbständigen wissenschaftlichen Forschung erweisen. Die Ergebnisse der Dissertation müssen zum Fortgang der wissenschaftlichen Entwicklung beitragen." (Ebd., § 7, Abs. 1.)

[4] Herbert Heckmann: *Lebenslauf eines Germanisten in aufsteigender Linie. Mit erklärenden Notizen.* In: Jürgen Kolbe (Hrsg.): *Ansichten einer künftigen Germanistik.* München 1969, S. 72-78: das Zitat: S. 77.

[5] Vgl. Martin Spiewak: *Dr. Lust und Dr. Frust.* An der Universität sind Doktoranden die Kulis der Wissenschaft. Auf dem Arbeitsmarkt ist ihr Titel jedoch kaum gefragt. In:„Die Zeit", Nr. 9, 18. Februar 1999, S. 31 f.

[6] Siehe dazu Dürk Müller: *Die Geister schreiben munter weiter. Nicht alle Dissertationen stammen aus eigener Feder.* In: „Berliner Morgenpost", Nr. 93, 6. April 1999.

Gerade bei einer Promotion als Externer ist es wichtig, neue Zugänge zum Wissenschaftsbetrieb zu gewinnen, regelmäßige Kontakte zu ihm zu unterhalten. Auch im Multimedia-Zeitalter bleiben zum Beispiel das Finden eines dem eigenen Leistungsspektrum, den Vorkenntnissen entsprechenden Themas sowie einer universitären Ansiedelung, die Diskussion der Arbeitsplanung und von Teilausarbeitungen, die Herstellung von wissenschaftlichen Direktkontakten, die Literaturbeschaffung über Bibliotheken und Archive notwendig. Es wurde ermittelt, daß seriöse professionelle Wissenschaftsberater durch solche Zuarbeiten den Doktoranden/-innen in erheblichem Maße dabei helfen können, ihren Zeit- und Energieaufwand zu reduzieren.[7]

Darum entstand auch dieser Ratgeber. Er enthält einen Materialanhang, auf den im Text mit dem Symbol ▮ verwiesen wird.

[7] Vgl. Daniela Stötzel: *Wissenschaftsberater ersparen Doktoranden oft mehr als 1000 Stunden mühsame Arbeit.* In: „Welt am Sonntag“ (Berlin), Nr. 32, 10. August 1997, S. 31. Siehe auch: *Grauzone Doktorandenhilfe.* In: „Berliner Morgenpost“, Nr. 93, 6. April 1999. (Gez.: „dm“.)

II Die Themen liegen auf der Straße ...?

Das „Märchen aus Tausendundeiner Nacht“ ist bekannt: Als Ali Baba vor dem Felsen stand, da murmelte er ein Wort, und der Berg öffnete sich, verhalf ihm zu unverhofften Reichtümern. Will ein moderner Ali Baba im 21. Jahrhundert in der wissenschaftlichen Welt Erfolg haben, so dürfte jenes Wort, das den ‚historischen' Ali reich und glücklich machte, nicht „Sesam“ heißen, sondern vielleicht – „Kultur“.

Dieses Wort, das ursprünglich den Landbau, auch die Geistes- und Körperpflege bedeutete, hat, so scheint es, ein besonders enges Verhältnis zu Jahrhundertwenden. Schon um 1900 führten Philosophen kulturwissenschaftliche Debatten, später systematisiert zum Beispiel in Georg Simmels (1858-1918) kulturkritischer Soziologie.[8] Und auch das neue Jahrtausend beflügelt die Hoffnung, die vielen geistigen Disziplinen über kulturelle Achsen wieder zusammenzuführen. Denn es verschwamm durch die immer stärkere Untergliederung der universitären Disziplinen in verschiedene Fachbereiche das aus dem frühen 19. Jahrhundert übernommene, unter anderen auf Wilhelm von Humboldt zurückgehende universalistische Bildungskonzept. Aber wo Begriffe wie „Geist“ und „Bildung“ farblos erscheinen, kann der Begriff „Kultur“ vielleicht neu leuchten.[9]

In zahlreichen Magisterstudiengängen studieren daher mittlerweile viele „Kulturwissenschaft“, mit unterschiedlichen Akzentsetzungen: „Angewandte Kulturwissenschaft“, „Empirische Kulturwissenschaft“, „Kulturpädagogik“ und „Kulturanthropologie“. Solche Angebote gibt es an rund zehn deutschen Universitäten, von Bremen bis Tübingen; dazu kommen Aufbau-, Ergänzungs- und Zusatzstudien in den Bereichen Kulturmanagement und Kulturarbeit oder Kultursemiotik an nochmals zehn Orten. Nach amerikanischem und französischem

---

[8] Vgl. Georg Simmel: *Soziologische Ästhetik*. Hrsg. von Klaus Lichtblau. Bodenheim 1998. (Kulturwissenschaftliche Studien, Bd. 1.)

[9] Siehe dazu Ansgar Nünning (Hrsg.): *Metzler Lexikon Literatur- und Kulturtheorie*. Stuttgart/Weimar 1998. Darin u. a.: „Kultur“, S. 290-292; „Kulturtheorien“, S. 297-299; „Kulturwissenschaft“, S. 299-302, „Medienkulturwissenschaft“, S. 349-351. – Siehe auch Roger Bromley u. a. (Hrsg.): *Cultural Studies. Grundlagentexte zur Einführung*. Lüneburg 1999; Klaus Peter Hansen: *Kultur und Kulturwissenschaften. Eine Einführung*. Tübingen/Basel 1999; Thomas Jung: *Geschichte der modernen Kulturtheorie*. Darmstadt 1999; Carsten Winter (Hrsg.): *Kulturwissenschaft – Perspektiven, Erfahrungen, Beobachtungen*. Bonn 1999.

Vorbildern, den „Cultural Studies" bzw. den „Sciences de l'Homme", werden so aus Geisteswissenschaften Kulturwissenschaften. Zahlreiche medienwissenschaftliche Anschlußstellen, unter anderem aufgrund der zunehmenden Zahl von Medienberufen, soziologische und textlinguistische Komponenten, Forschungen zu kultur- und zivilisationstheoretischen Konzepten von Johann Gottfried Herder bis Norbert Elias und Eric J. Hobsbawm stehen für ihre Suche nach einer neuen Rolle, für ihre eigene Innovation. Literatur-, Kunst- und Musiklehrer, Historiker mit publizistischen Neigungen, kulturinteressierte Philosophen, Manager und Public-Relations-Fachleute aus dem Kunst- und Medienbetrieb, Pädagogen und Sozialarbeiter haben daher hohe Erwartungen. Nur wenn es gelingt, der Gefahr kultureller, und das heißt auch: öffentlicher Belanglosigkeit der Kulturwissenschaften entgegenzuwirken, läßt sich ihre Zukunft dauerhaft sichern.[10] Ansonsten droht ihnen analog, was der schon zitierte westdeutsche Germanist einst für seine Sparte zugespitzt feststellte:

„Germanistik ist die Fähigkeit, Literatur aus dem Zusammenhang zu reißen, dem sie ihre Einsicht verdankt, nämlich der historischen Aktualität. Sie siedelt sie im geschichtsfernen Raum des Geschwätzes an, wo sie zum irrationalen Puzzlespiel herunterkommt. [...] Den Zugang zur Literatur verbaut sie mit Wichtigtuerei und zuweilen gar mit einer gewissen Geheimniskrämerei. Sie erinnert an eine übereifrige Hebamme, die ihre Arbeit für einen Zeugungsakt hält."[11]

So wären genaue Analysen kultureller und künstlerischer Entwicklungen der deutschen Gesellschaft seit 1990 zukunftsträchtig, der in ihr waltenden Hegemonialkulturen und der ästhetischen Verhaltensweisen unterschiedlicher sozialer Gruppen, der kulturellen Kontexte (Arbeits- und Lebensbedingungen, Kommunikationsverhältnisse, sozialen Milieus usw.) der von ihnen entwickelten Formen von Kreativität und Produktivität. Dazu gehört die Entwicklung pluraler Programme für verschiedene, nicht den Oberschichten zugehörige soziale Gruppen (Jugend, Einwanderer, Vereine), für ihr freiwilliges, selbständiges, ihrer Lage und ihren Perspektiven entsprechendes ästhetisches Verhalten in ihren eigenen Handlungsräumen. Das verlangt die wissenschaftliche Verbindung von Anschaulichkeit mit einem hohen Grad von Reflexion. Darauf haben diese Gruppen in demokratischen Gesellschaften einen legitimen Anspruch, nachdem die Bildungseliten mit großer Selbstverständlichkeit die Hochkultur als Medium für sinnstiftende kulturell-künstlerische Kommunikation besetzt haben.

---

[10] Vgl. Richard David Precht: *Kultur. Ein Plädoyer gegen die kulturelle Belanglosigkeit der Kulturwissenschaften.* In: „Die Zeit", Nr. 29, 12. Juli 1996, S. 36.

[11] Herbert Heckmann: *Lebenslauf eines Germanisten* ... a. a. O. (siehe Anm. 4), S. 78.

Multikulturalität, Pluralität, Bürgersinn und Toleranz sind Wertvorstellungen, mit denen, wissenschaftlich gestützt, auf die Legitimationskrise von Kulturarbeit geantwortet werden muß. Denn die Herausforderungen der Zeit sind in den sozialen und kulturellen Konflikten der hochorganisierten europäischen Gesellschaften zu sehen, die auch das Konzept der „Kultur für alle“ (Hilmar Hoffmann), das „Bürgerrecht Kultur“ (Hermann Glaser) gefährden.[12] Sie zwingen dazu, sich den gegenwärtigen kulturellen und sozialen Prozessen neu zu stellen, in sie einzudringen, für die menschlichen Schicksale sensibel zu bleiben und sich für Lösungen einzusetzen, die nicht hinter den erreichten humanen Ansprüchen zurückbleiben. In den Losungen der Politik – „Reform des Sozialstaates“, „Abschied von der Arbeitsgesellschaft“, „Globalisierung des Arbeitsmarktes“, „ökologischer Umbau“, „Nord-Süd-Konflikt“ – sind auch die kulturellen Problemlagen der nächsten Jahrzehnte zu finden. Insofern liegen die Themen tatsächlich „auf der Straße“.

Bearbeitet werden können sie – je nach Neigungen und Vorkenntnissen – in verschiedenen *Hauptformen* von Dissertationsschriften: in Beiträgen zur Angewandten Kulturwissenschaft mit starken empirisch-soziologischen Komponenten; in quellenerschließenden Analysen der Geschichte und Rezeptionsgeschichte kulturell-künstlerischer Motive; in Forschungen zu theoretischen (philosophischen) Grundlagen der Kultur-, Kunst- und Medienwissenschaften, in umfassenden Kritiken aktueller Literatur, sogenannten Forschungsberichten.

Grundsätzlich gilt: Kultur-, Kunst- und Medienwissenschaften haben stets nur dort Wesentliches geleistet, wo sie in lebendiger Kommunikation begriffen waren mit den Problemen der Realität, wo sie in Kontakt waren mit Forschungsfeldern anderer Richtungen und etablierter Disziplinen. Das gilt selbstredend auch für so begrenzte Einzelgebiete wie Zivilisations- und Mentalitätsgeschichte, Kulturethnologie, Geschichte des ästhetischen Denkens, Literaturtheorie, Theater- und Medienpädagogik, Kunstpsychologie usw.[13]

▮ *Mögliche Promotionsgebiete ...*

---

[12] Vgl. Bernd Wagner: *Kulturpolitik im Wandel - Theaterpädagogik im Abseits?* In: *Zwischen Phantasie und Bürokratie. Spiel- und Theaterpädagogik im kommunalen Verbund.* Hrsg. vom Bundesverband Theaterpädagogik e. V. Köln 1997, S. 11-17.

[13] Siehe dazu z. B. Jürgen Müller / Bettina Uttenkamp: *Kunsthistorische Momentaufnahme.* In: Sophie Fetthauer u. a. (Hrsg.): *Die Standortpresse. Kulturwissenschaften in der Standortdiskussion.* Hamburg 1995, S. 61-64.

III Die erste Hürde: das Exposé

Externe Doktoranden/-innen mit brauchbaren Themenstellungen und Exposés sind an Universitäten und Hochschulen nicht unwillkommen. Denn im Gegensatz zu Internen haben jene – aufgrund ihrer Praxisbezüge – häufig sowohl wissenschaftlich als auch hochschulpädagogisch interessante Arbeitsgegenstände, Sichtweisen und Kontakte. Daraus resultieren aber keinerlei Sonderrechte hinsichtlich des Umfangs und der Intensität der Betreuung. Im Gegenteil – von externen Doktoranden/-innen wird oft gerade viel Selbständigkeit und Beharrlichkeit hinsichtlich der Gestaltung des Kontakts und der regelmäßig, zwei- bis dreimal pro Kalenderjahr, zu diskutierenden Ausarbeitungen erwartet.

Das Exposé (oder die Konzeption) hat darum multifunktionalen Charakter. Stehen eine universitäre Ansiedelung und ein oder eine Betreuer/-in noch nicht fest, ist eine solche Ausarbeitung zunächst einer Bewerbung vergleichbar, die zusammen mit Zeugniskopien und, sofern sie schon vorliegen, Ausarbeitungen zum Thema Auskunft gibt über wissenschaftliche Interessen und Fähigkeiten, über Problembewußtsein und auch Sprachkompetenz des/der künftigen Doktoranden/-in. Zugleich aber ist das Exposé ein wichtiges Arbeits- und Planungsmittel, mit dem große und kleine Arbeitsschritte, Fortschritte und Rückschläge bilanziert, die ständigen Wechselspiele von Materialergänzungen und -verwerfungen, Prioritätensetzungen und -änderungen, Eingrenzungs- und Definitionsversuchen, Hypothesenbildungen und -modifizierungen kontrolliert werden können.

Gewarnt sei nicht nur vor sachlichen Fehlern, Vorurteilen, ungenügend abgesicherten Thesen, nachlässigen Verallgemeinerungen, unrecherchierten Angriffen auf Forschungsleistungen anderer Autoren (die ihre eigenen Interessen haben). Es ist auch im Vorfeld der universitären Ansiedelung zu überprüfen, ob ein – historisch, theoretisch oder mehr empirisch ausgerichtetes – Thema, ein Projekt tatsächlich Aufmerksamkeit verdient, so wichtig ist, wie behauptet wird. Was soll warum erkannt werden? In welchen Arbeitsetappen? Und welche sind die Zielgruppen?[14]

---

[14] In der *Promotionsordnung* der Fakultät Gestaltung der *Bauhaus-Universität Weimar* (vom 3. Juli 1996) heißt es ausdrücklich: „Es soll eine engere wissenschaftliche Arbeitsbeziehung zu den Forschungsaktivitäten der Fakultät bestehen.“ (§ 5, Abs. 4.) Und: „Voraussetzung für die Eröffnung des Promotionsverfahrens ist die Vorlage einer Dissertation, die im unmittelbaren wissenschaftlichen Umfeld der Fakultät angefertigt wurde.“ (§ 7, Abs. 1.)

Auch noch so zuverlässig erscheinende Quellen und Zitate sollten überprüft werden; fast alle Wissenschaftler, ebenso zahlreiche Institute und Organisationen, einschließlich Stiftungen, sind zur Auskunft und zum Versenden von Informationsmaterial wie Broschüren, Jahresberichten, Literaturverzeichnissen, Sonderdrucken usw. gern bereit.[15] Erst eine Fülle von Material aus verschiedenen Quellen auch schon für das Exposé verhilft später zu einem brauchbaren Text mit einer adäquaten Abstraktionsstufe; erst die Darstellung kontroverser Standpunkte und auch unabgeschlossener Entwicklungen macht Wissenschaft reizvoll. Aus diesen Spannungen erwachsen interessante und gefragte Beiträge mit möglichst anschaulichen Darstellungen. Durch gute Fotos und Grafiken, kurze erklärende Texten zu Entwicklungen und Begriffen lassen sich die Akzeptanzchancen verbessern. Das bloße Referieren von Vorträgen und Fachaufsätzen ist noch keine Wissenschaft.

Der Besuch von themenrelevanten Kongressen, Akademietagungen, Seminaren, Vorträgen und Ausstellungen – über die unter anderem Fachzeitschriften regelmäßig informieren – sollte selbstverständlich sein. Unverzichtbar sind der Aufbau und die ständige Erweiterung eines eigenen Archivs mit Monographien und Sammelwerken, Zeitungs- und Zeitschriftenbeiträgen, Verlagskatalogen, Rezensionen, Literaturverweisen, Statistiken, Tagungsunterlagen, multimedialen Informationsträgern und eigenen, auch ausgefallensten Gedankenskizzen, Bildern und Symbolen. Die Nutzung verschiedener traditioneller und moderner Ordnungs- und Planungssysteme – Einlagemappen für gerade laufende Vorgänge, Archivboxen für Lesestoff, Zeitplaner mit Kalendarium, Aufgaben- und Ideenspeicher sowie Adressenregister – erleichtert die Übersicht, die Disposition und die Bündelung gleichartiger Arbeitsschritte.

Hilfreich sein können zumeist in Buchform publizierte Einführungen in die verschiedenen Wissenschaftsdisziplinen, Überblicksdarstellungen und Nachschlagewerke. Denn sie erlauben die überschaubar bleibende Information über

---

[15] Siehe dazu u. a. die folgenden, immer wieder aktualisierten Verzeichnisse: *Maecenata Stiftungsführer. 1111 Förderstiftungen*. München 1994; Deutscher Kulturrat (Hrsg.): *Pressetaschenbuch Kunst und Kulturvermittlung 1993/94*. Seefeld 1993, darin u. a.: *Medien und Dokumentationsdienste*, S. 7-160; *Einrichtungen der Kulturvermittlung*, S. 211-230; Jens M. Kroll: *Presse-Taschenbuch Kunst, Architektur, Design 1998/99*. Ebd. 1998, darin u.a.: *Publikationen und Periodika*, S. 67-181; *Museen und Ausstellungen*, S. 229-323.

die wissenschaftlichen Arbeitstechniken, Grundbegriffe, theoretischen Positionen, Epochen, Gattungen und Hauptvertreter einer Disziplin.[16]

Das Gespräch mit dem oder der Betreuer/-in zum Exposé muß gründlich vorbereitet werden. Wie bei einer Bewerbung um eine Anstellung empfiehlt es sich, zuvor Informationen über die Struktur des zuständigen Fachbereichs, über die Inhalte der Lehrveranstaltungen, laufenden Forschungsprojekte, Publikationen sowie die akademischen Ämter des oder der Betreuers/-in einzuholen. Dazu eignen sich die Semester-Vorlesungsverzeichnisse und diverse Datenbanken, besonders gut natürlich auch aktuelle mediale „Homepages" von Universitäten und Hochschulen. Die Kenntnis neuerer wissenschaftspolitischer und -methodischer Grundsatzartikel in der Tages- und Wochenpresse ist mit Sicherheit nicht nachteilig.

Fragen, die gestellt werden könnten – und solche, die man selbst stellen möchte – sollten zuvor notiert werden. Aussagen über berufliche und familiäre Belastungen usw. können, sofern sie erfragt werden, im Gespräch gemacht werden – sie gehören aber nicht in ein Exposé.[17]

▮ *Teile eines Exposés*
▮ *Ein Beispieltext*

---

[16] Siehe z. B. Ansgar Nünning (Hrsg.): *Metzler Lexikon Literatur- und Kulturtheorie.* Stuttgart 1998; Udo Kultermann: *Kleine Geschichte der Kunsttheorie. Von der Vorgeschichte bis zur Gegenwart.* 2., überarb. u. erw. Aufl. Darmstadt 1998; Mario Klarer: *Einführung in die neuere Literaturwissenschaft.* Ebd. 1999; Peter V. Zima (Hrsg.): *Literatur intermedial. Musik - Malerei - Photographie - Film.* Ebd. 1995; Ralf Schnell: *Medienästhetik. Zu Geschichte und Theorie audiovisueller Wahrnehmungsformen.* Stuttgart 1999.

[17] „Die Motivation für eine Promotion ergibt sich somit aus dem Gefühl der Unzufriedenheit mit der eigenen Leistung und dem Bewußtsein, die Fähigkeiten zu besitzen, eine solche Arbeit zum erfolgreichen Abschluß bringen zu können", heißt es widerspruchsvoll z. B. in einem ersten Exposé-Entwurf eines Doktoranden der Kunstwissenschaft. Ein Doktorand der Philosophie betonte, „daß ich einen sehr enervierenden, die Freizeit immer wieder drastisch einschränkenden Beruf ausübe".

IV Wissenschaftliches Schreiben – eine Form kultureller Kommunikation

1 Dialog mit dem Material

Der Wirtschaftshistoriker und Soziologe Max Weber (1864-1920) spricht in seinem berühmt gewordenen Vortrag *Wissenschaft als Beruf*, den er 1919 vor dem Freistudentischen Bund hielt, von der „Entzauberung der Welt“ durch technische Mittel, durch das rationale Experiment als Medium kontrollierter Erfahrung und die exakte Berechnung.[18] Mit dieser Betonung der intellektuell-rationalen Tätigkeit leistete er zugleich einen Beitrag zur „Entzauberung“ der Wissenschaft. Angesichts zahlloser „Ratgeber“ in Buchform, in denen in entlarvendem pseudo-wissenschaftlichem Kauderwelsch von „positivem“ statt realistischem Denken, von „Routine“ statt Übung, von „Öko-Rhetorik“ statt Stil, von „mind mapping“ statt formaler Logik, von „Selbstmarketing“ statt geistiger Aktivität in der Bewährung die Rede ist, scheint es geboten, daran zu erinnern.

Die „klassische“ Einteilung, die vor allem für naturwissenschaftlich-technische und medizinische Arbeiten oft empfohlen wird, ist nur eine grobe Orientierung: zum Beispiel für die Einleitung und Methodendarstellung ein Umfang von je 10-15%, für die Ergebnisbeschreibung und -diskussion (Hauptteil) 50%, für die Zusammenfassung 5%, das Literaturverzeichnis 10-15%.[19]

Es ist ratsam, die Ausarbeitung mit einem Abschnitt, also mit einem der kleinsten, nicht mehr unterteilbaren Parts eines Textes zu beginnen, der besonders interessiert, zu dem das meiste Material vorhanden ist und der sehr plastisch erscheint. Es ist also nicht ratsam, sich zum Beispiel den Kopf über *Goethe in unserer Zeit* zu zerbrechen, sondern damit, Gedankenskizzen, Begriffslisten und Stichwortgeländer zum Thema *Kommunikative Strategien im „Vorspiel auf dem Theater“ des „Faust“* zu entwerfen; nicht mit *Leistungen und Grenzen des sowjetrussischen Revolutionsfilms* zum Beispiel sollte man starten, sondern mit *Die ästhetische Funktion der Montagetechnik in Sergej Eisensteins „Panzerkreuzer Potemkin“*.

---

[18] Vgl. Max Weber: *Wissenschaft als Beruf.* München/Leipzig 1919, S. 13-20.
[19] Vgl. Hans-Joachim Maiwald: *Die zahnmedizinische Dissertation. Wegweiser zur Erstellung einer Dissertation durch externe Doktoranden.* 3., überarb. Aufl. Bergisch Gladbach 1997, S. 40.

Um einmal beim Film und bei Eisenstein zu bleiben: Der berühmte Regisseur sprach immer wieder von der „Montage der Attraktionen“: „Die Erfahrung der Attraktionsmontage beruht auf der Koppelung von Sujets im Hinblick auf einen thematischen Effekt [...].“[20] Um nichts anderes geht es prinzipiell auch in einem wissenschaftlichen Text: um die sinnvolle Zusammenfügung von Textteilen aus der Perspektive einer klar erkennbaren, historisch wie aktuell tragfähigen Zielstellung.

Die Materialsammlungen sollten in logische, nicht zu kleine Teile zerlegt und diese mit eigenen Signaturen, zum Beispiel aus Buchstaben, römischen und arabischen Ziffern, versehen werden, auch mit Randglossen; alle Gedanken und Gedankenverbindungen, die im Laufe der Arbeit aufkommen, sollten notiert werden. Auch die kleinsten Gedanken, die aus dem „work in progress“ hervorspringen, dürfen nicht unterschätzt werden – es könnte ein großer unter ihnen sein.

Das gilt analog auch für alle Ideen zur Gliederung der Dissertationsschrift – die sich im Laufe der Arbeit garantiert ändern wird. Die Gliederung einer wissenschaftlichen Arbeit sollte vom Inhalt her natürlich logisch aufgebaut, von der formalen Gestaltung her übersichtlich sein. Üblicherweise wird unterteilt in *Hauptteile, Teile, Abschnitte* und *Unterabschnitte*. Ihre Bezeichnung kann mit Hilfe des *Dezimalsystems* (1.; 1.1; 1.1.1; 2.1.1; 2.1.2 usw.) vorgenommen werden, aber auch - wie gesagt, schon während der Arbeit - wie folgt: mit *großen Buchstaben* für Hauptteile (A.); mit *römischen Ziffern* für Teile oder Kapitel (I.); mit *arabischen Zahlen* für Abschnitte (1.); mit *kleinen lateinischen Buchstaben für Unterabschnitte* (1a).

Die sonstige formale Gestaltung der zukünftigen Seite, wie zum Beispiel das Festlegen von Zwischenräumen zwischen Absätzen, Abschnitten, Kapiteln und Überschriften, sollte nach den Regeln für das Maschineschreiben bzw. den Richtlinien für den Schriftsatz erfolgen, die der Anhang des *Dudens* enthält. Es helfen natürlich auch Blicke in vergleichbare Arbeiten, die in jeder Universitätsbibliothek zu finden sind. Auf jeden Fall muß die Einteilung durch das gesamte Skript hindurch beibehalten werden.

Hilfreich ist es, mit dem PC zunächst ohne Worttrennungen zu schreiben, ohne Blocksatz, aber mit Einzügen, und Ausdrucke auf Papier unterschiedlicher Farbe herzustellen. Laufend müssen, auch wenn es oft mühsam ist, die Sammlung der Zitatnachweise und die Literaturliste ergänzt werden, bei Bibliotheksexem-

---

[20] Sergej Eisenstein: *Montage der Filmattraktionen* (1924). In: S. E.: *Das dynamische Quadrat. Schriften zum Film.* Übers. u. hrsg. von Oksana Bulgakowa und Dietmar Hochmuth. Leipzig 1988, S. 17-44; das Zitat: S. 22. Siehe auch den Aufsatz *Montage der Attraktionen* (1923). In: Ebd., S. 10-16.

plaren und Kopien aus diesen mit Standortnachweisen/Signaturen; das spart in der Endphase kostbare Zeit.

Aber der eigene Text sollte nicht unnötig mit dem Referieren von Sekundärliteratur belastet werden; das kann – ausgenommen bei der Darstellung des Forschungsstandes in der Einleitung und bei einem ausgesprochenen Forschungsbericht in Dissertationsform – in den Fußnoten geschehen. Lautes Vorlesen von Textteilen und Aufzeichnen dieser „Monologe", zum Beispiel mit einem Diktiergerät, helfen enorm.

Denn auch eine Dissertationsschrift, zumal mit kultur-, kunst- und/oder medienwissenschaftlichem Gegenstand, ist eine nach vorn offene Form der kulturellen Kommunikation, eine – im Idealfall – souveräne Form des Fragens und Suchens nach Erkenntnissen, die den Leser durch Nachvollziehbarkeit der Gedankengänge „ansprechen", die produktiv-widersprüchlichen Komponenten des Aktuellen, Kultur-Künstlerischen und Historischen über Belege, Beweise und Argumentationen auf eine möglichst lebendige, spannende Weise zusammenhalten soll.

Gerade der besondere, immer auch die Emotionen berührende Gegenstand der genannten Fachdisziplinen kann allerdings dazu verleiten, Beschreibung und Bewertung von Fakten zu vermischen, mehrdeutig und mit polemischer Note zu schreiben, Gedanken – womöglich in der unangebrachten Ich-Form – mehr zu erzählen als sachlich-stringent zu entwickeln. Jede, erst recht jede kulturell-künstlerische „Botschaft" muß ja vor einem möglichen Bewußtwerden verschiedene, vor allem emotional bestimmte Schaltstellen im Gehirn passieren. Diese Nervennetz-Signalwerke entscheiden nach Maßgabe ihrer Vergleiche, welche Information in das Großhirn gelangt, welche nicht; sie entscheiden, was „gelernt" wird. Darum ist ständige systematische Kontrolle wichtig.

In Abständen sollten also immer wieder anhand des Exposés, seines Gliederungsentwurfs und seiner Schlüsselbegriffe der Stand und die Richtung der Arbeit, die eigene Arbeitsweise, nicht zuletzt die Sprachgestaltung geprüft werden. Denn: „Im Augenblick des Hinschreibens mag man in jeden Satz verliebt sein, hinterher aber muß diese ‚Affenliebe' der anspruchsvollen und verwöhnten Strenge des Lesers weichen." (Christian Morgenstern)[21] In sprachgestalterischer Hinsicht werden Bücher, die unter Schlagworten wie „Sprache", „Stil", „Synonyme" usw. leicht zu finden sind, helfen.[22]

---

[21] Christian Morgenstern: *An einen jungen Schriftsteller* (1906). In: *Ausgewählte Werke.* Leipzig 1975, S. 329.

[22] Siehe z. B. die Arbeiten von Lutz von Werder: *Kreatives Lesen in den Wissenschaften.* 2. Aufl. Berlin/Milow 1995 und *Lehrbuch des wissenschaftlichen Schreibens. Ein Übungsbuch für die Praxis.* Ebd. 1995. Siehe auch Otto Kruse u. a.: *Schlüsselkompetenz*

2 Einiges zu Schreibhemmnissen

Es wird immer wieder notwendig sein, die eigene wissenschaftliche Kreativität neu zu aktivieren. Dazu sei an die unterschiedliche Arbeitsweise der beiden menschlichen Hirnhälften erinnert. Die linke ist für analytische Aufgaben zuständig, für logisches Denken, Ordnen, Strukturieren und Planen. Sie arbeitet abschnittweise und relativ langsam. Die rechte unterstützt durch die relativ schnelle und ganzheitliche, synthetisierende Verarbeitung unter anderem visueller Informationen kreative, mit Farben oder Gerüchen verbundene Vorgänge. Um die Gehirnkapazitäten optimal zu nutzen, sollte man also „doppelhirnig" denken und handeln.

Wenn es einmal nicht so recht vorangeht mit der logischen Formulierung von Gedanken in einem Textabschnitt, mit der Schwerpunktplanung und Konzeptarbeit, können Kontrasttätigkeiten, die mit der rechten Hirnhälfte verbunden sind, hilfreich sein. Nicht nur Wanderungen durch die Natur, Sport und Reisen, sondern zum Beispiel auch die Beschäftigung mit besonders sinnlichen Aspekten der eigenen Arbeit: das Blättern in themenverwandten Bildbänden, die Rezeption von Fernsehsendungen und Filmen, die Lektüre belletristischer Werke, so etwa einer Goethe-Textauswahl.[23] Aber auch Kriminalerzählungen – von Edgar Allan Poe bis Donna Leon – eignen sich gut. Bekannt ist Bertolt Brechts Vorliebe für die Kombination aus Logik und Phantastik, aus Handlungsreichtum, Charaktervielfalt und Katastrophenerfahrung, die dieses Genre ausmacht: „Die Kausalität menschlicher Handlungen zu fixieren, ist die hauptsächlichste intellektuelle Vergnügung, die uns der Kriminalroman bietet."[24] Gerade mittels solcher Texte kann die Lust an wissenschaftlicher Arbeit neu geweckt werden.

Schreiben. Neuwied 1999. - Für schwierige Fälle auch in der Wissenschaftssprache gibt es einen Beratungsdienst: Bibliographisches Institut F. A. Brockhaus AG, Mannheim. Sprachberatungsstelle der Duden-Redaktion.
Kostenlose Beratung unter Tel. (0621) 3901-426.

[23] Siehe u.a. Walter Hinck (Hrsg.): *Goethe für Gestreßte.* Frankfurt a. M. 1998. (insel-taschenbuch, 1900.) - Ekkehart Krippendorf (Hrsg.): *Goethes Anschauen der Welt. Schriften und Maximen zur wissenschaftlichen Methode.* Ebd. 1998.

[24] Bertolt Brecht: *Über die Popularität des Kriminalromans.* In: Hans-Georg Werner (Hrsg.): *Über Poesie und weiteres oder Das Komma im Frack und anderes. Essays der Weltliteratur.* Halle/Leipzig 1981, S. 353-361; das Zitat: S. 359.

3 Das Literaturverzeichnis – ein wichtiges Handwerkszeug

Hilfreich bei der *Auswahl* von Literatur ist in Einzelfällen der – über Datenbanken in Bibliotheken zugängliche – *Science Citation Index*, der ermittelt, welche Veröffentlichungen wie oft in der Fachliteratur zitiert werden. (Auch in der Wissenschaft gibt es ja „Hits", „Trends" und „Moden".) Es kann jedoch schon genügen, gründlich Inhaltsverzeichnis, Fußnoten/Anmerkungen und Literaturliste einer Arbeit durchzusehen, um entscheiden zu können, ob sie heranzuziehen ist oder nicht.

Große Probleme bereitet oft aber gerade die Form von Quellenangaben, Ergänzungen und Erläuterungen zum Text. Sie können in Fußnoten auf die jeweilige Skriptseite gesetzt – das garantiert auch eher, daß sie gelesen werden – oder gesammelt als Anmerkungen an den Schluß eines Kapitels oder des Hauptteils der Arbeit angefügt werden. Im Stadium der Skripterarbeitung empfiehlt es sich, die betreffenden Textstellen nur provisorisch mit „*" zu kennzeichnen, da erfahrungsgemäß im Laufe der Arbeit häufig Fußnoten gestrichen, versetzt oder eingefügt werden müssen. In der Endphase der Arbeit können dann Textstellen und Fußnoten – mittels entsprechendem Textverarbeitungsprogramm – über hochgestellte Ziffern miteinander verbunden werden.

Häufig kommt es bei philosophischen und literaturwissenschaftlichen Arbeiten vor, daß vom Anfang bis zum Ende des gesamten Textes immer wieder dieselben Textausgaben, dieselben *Primärquellen*, zitiert werden müssen. Eine nützliche, lesefreundliche Entlastung der Fußnoten- bzw. Anmerkungsteile stellt es dann dar, wenn die Zitatbelege aus Gesamtausgaben – mit römischer Band-, arabischer Teilband- und Seitenzahl (*GS II. 2, 345*) – oder Einzeleditionen (*BrSK, 219*) abgekürzt in den Text eingefügt werden; ein zeitsparendes, die Übersicht erleichterndes Verfahren, das zu Beginn der Arbeit aber erläutert werden muß.[25]

---

[25] Beispieltext für eine solche Erläuterung: „Die Schriften Walter Benjamins werden im folgenden, abgekürzt mit der Bezeichnung *GS* bzw. *GSS* (für die Supplement-Bände) sowie römischer Band-, arabischer Teilband- und Seitenzahl, ausschließlich nach der folgenden Grundlagenedition zitiert: Walter Benjamin: *Gesammelte Schriften.* Hrsg. von Rolf Tiedemann und Hermann Schweppenhäuser. Bände I - VII, Supplementbände I - III. Frankfurt a. M. 1980-1999. Seine Briefe an Siegfried Kracauer werden im Text mit der Abkürzung *BrSK* und arabischer Seitenzahl nach der folgenden Ausgabe zitiert: Walter Benjamin: *Briefe an Siegfried Kracauer. Mit vier Briefen von Siegfried Kracauer.* Hrsg. vom Theodor-W.-Adorno-Archiv. Redaktion: Rolf Tiedemann und Henri Lonitz. Marbach am Neckar 1987."

Ähnlich kann – zum Beispiel in Forschungsberichten – hinsichtlich der *Sekundärliteratur* verfahren werden: Müssen Monographien oder Sammelwerke häufig zitiert werden bzw. muß auf sie häufig verweisen werden, kann das auch im Text mittels der Familiennamen der Autoren/-innen bzw. Herausgeber/-innen plus Erscheinungsjahr und Seitenangaben erfolgen (vgl. LENK 1995; vgl. SCHWEPPENHÄUSER 1993, 156-174); bei mehreren Publikationen vom selben Autor müssen die Erscheinungsjahre genannt werden, bei mehreren Publikationen vom selben Autor im selben Jahr muß eine zusätzliche alphabetische Auflistung erfolgen (vgl. BEUTIN 1994a, 1994b).[26] Eine kurze Erläuterung in einer Fußnote bei erstmaliger Anwendung dieses Verfahrens – mit Verweis auf das Literaturverzeichnis – darf nicht fehlen.

Die einzelnen Titelangaben im Literaturverzeichnis sollten so umfassend wie möglich sein, um eine eindeutige Identifizierung zu ermöglichen. Das Verzeichnis kann, muß aber nicht nach Veröffentlichungsarten bzw. Publikationsträgern unterteilt werden.

■ *Systematik für das Literaturverzeichnis*

Innerhalb der Rubriken des Verzeichnisses stehen die Veröffentlichungen *alphabetisch* nach Verfassernamen bzw. Sachtiteln (d. h.: nach dem alphabetisch ersten Substantiv des Titels) geordnet. Die *chronologische* Anordnung empfiehlt sich nur bei Arbeiten, welche die historische Entwicklung einer Problematik zum Gegenstand haben. Eine Ordnung nach *Hauptteilen* der Arbeit wird dann ange-

---

[26] Im Literaturverzeichnis werden die hier in Klammern gesetzten Abkürzungen dann wie folgt aufgelöst:

BEUTIN 1994a - Wolfgang Beutin: *Barlach oder der Zugang zum Unbewußten. Eine kritische Studie*. Würzburg.
BEUTIN 1994b - Ders.: *Vom Mittelalter zur Moderne*. 2 Bde. Hamburg.
LENK 1995 - Kurt Lenk: *Adornos „Negative Utopie“ Gesellschaftstheorie und Ästhetik*. In: SCHWEPPENHÄUSER 1995, S. 134-144.
SCHWEPPENHÄUSER 1993 - Gerhard Schweppenhäuser: *Ethik nach Auschwitz. Adornos negative Moralphilosophie*. Berlin. (Argument-Sonderband. Neue Folge. AS 213.)
SCHWEPPENHÄUSER 1995 - Gerhard Schweppenhäuser (Hrsg.): *Soziologie im Spätkapitalismus. Zur Gesellschaftstheorie Theodor W. Adornos*. Darmstadt.

wendet, wenn Schwerpunkte in der Behandlung einzelner Themenbereiche entsprechend der Gliederungssystematik hervorgehoben werden sollen.

Schwierigkeiten bereitet gelegentlich die alphabetische Einordnung von *Sammelwerken*, sogenannten „Anonyma" und „Kollektiva", in das Literaturverzeichnis. Da man zum Beispiel Lexika meist dem Sachgebiet nach sucht, wird bei mehr als zwei Herausgebern der alphabetisch erste fast immer nachgestellt.[27]

Anders ist es bei thematischen Sammelwerken, Aufsatzsammlungen; hier wird häufig, wie bei einer Monographie, der alphabetisch erste Herausgeber mit dem Zusatz „(Hrsg.)" oder „(Hg.)" vorangestellt.[28]

Es ist offensichtlich, daß die Aufführung von Sammelwerken in alphabetischer Ordnung der Herausgebernamen später die Einordnung in das Literaturverzeichnis erleichtert. Allerdings ist auch ein Nachstellen des Herausgebernamens möglich – es muß in der Arbeit und im Literaturverzeichnis aber einheitlich verfahren werden.[29]

Haben Einzel- oder Sammelwerke zwei Erscheinungsorte, werden beide genannt („Berlin/Weimar"); haben sie mehr als zwei, wird nur der vom Verlag erstgenannte aufgeführt, die anderen werden durch „..." ersetzt („Frankfurt a. M. ..."). Verlage können, zweckmäßigerweise abgekürzt, müssen aber nicht genannt werden (Stuttgart/Weimar: Metzler, 1998; Opladen: Westdt. Verl., 1992).

In historischen Quellen kommt es häufig vor, daß Angaben zu Verfasser, Ort und Jahr des Erscheinens fehlen, zweifelhaft oder nur vermutbar sind. Das wird in der Quellenangabe mit dem Zusatz „(anonym:)" bzw. mit den Abkürzungen „o. O. (Stuttgart?)", „o. J. (1801?)" ausdrücklich genannt. Gelegentlich können die Datierung des Vorwortes und der Druckort wichtige Hinweise sein und sollten deshalb vermerkt werden: „Mainz (Druckort) o. J. (1872 – Vorwort)". Verschleiernde Bezeichnungen, die früher oft aus Rücksicht auf Zensurbestimmungen verwendet wurden, sollten nach Möglichkeit durch in eckige Klammern gesetzte Erläuterungen mit den Zusätzen „d. i." (das ist) oder „eigtl." (eigentlich) erschlossen werden: „Germanien [d. i. Magdeburg], im Jahr des Heils [1814]."

In wissenschaftlichen Arbeiten sind bei Artikeln in *Zeitschriften und sonstigen Periodika* außer Autor und Aufsatztitel sowie Zeitschriften- bzw. Periodikatitel

---

[27] *Lexikon der Kunst.* Hrsg. von Ludger Alscher u. a. Bd. IV. Leipzig 1977. Dass., überarb. Aufl., München 1995.

[28] Ehalt, Hubert Christian (Hrsg.): *Inszenierung der Gewalt. Kunst und Alltagskultur im Nationalsozialismus.* Frankfurt a. M. ... 1996. - Feist, Peter H., u. a. (Hrsg.): *Zur Aneignungsfunktion der Kunst.* Berlin 1990.

[29] *Vom Bild zum Text. Die Photographiebetrachtung als Quelle sozialwissenschaftlicher Erkenntnis.* Hrsg. von Andreas Volk. Zürich 1996.

anzugeben: Erscheinungsort, Jahrgangs- oder Band-Nr., Jahr, gegebenenfalls Titel des Themenschwerpunkts, Heft-Nr., Seitenzahlen.[30] Manchmal, besonders bei älteren Zeitschriften, fehlen Jahrgangs- und Bandnummer; dann kann nur eine vereinfachte Bibliographierung mit zum Beispiel der Angabe „Jg. 1923, H. 2" erfolgen. Zuweilen gibt es auch keine jahrgangsweise, sondern eine durchlaufende Heft-Numerierung.[31]

Grundsätzlich gilt, daß die Quellenangaben eine eindeutige Identifizierung ermöglichen, daher *zweckmäßig, unmittelbar und genau* sein müssen. Dazu gehört übrigens auch, daß für den Leser der Umfang zum Beispiel eines Zeitschriften- oder Sammelwerksbeitrages deutlich werden muß. Die häufig oberflächlich verwendete Angabe „ff." gilt deshalb nur für Ausnahmen: wenn auf einen Abschnitt innerhalb eines Textes verwiesen wird.[32]

4 Die Kunst des Zitierens und Verweisens

Die Grundsätze der Zweckmäßigkeit, Unmittelbarkeit und Genauigkeit gelten erst recht für das Zitieren. (Ihre Vernachlässigung in Dissertationsschriften kann sogar die Gesamtnote herabsetzen.) Mit Zitaten kann man aber nichts beweisen, sondern nur etwas belegen. Die Beweisführung ist Sache der eigenen gedanklichen Konstruktion auf empirisch-faktologischer Basis; sie bestimmt auch den Umfang des Zitierens. Ein Zitat sollte deshalb zwischen seinen doppelten „Anführungs-

---

[30] Andreas Kotte: *Der Fürst als Mensch. Französische Revolution und deutsches Theater.* In: *Weimarer Beiträge. Zeitschrift für Literaturwissenschaft, Ästhetik und Kulturtheorie* (Berlin). XXXV (1989) 5, S. 812-827.

[31] Werner H. Preuß: *Literarische Freundschaftsbriefe von Werner Kraft an Hubert Breitenbach.* In: *Marbacher Magazin.* Nr. 75 (1996): *Werner Kraft 1896-1991.* Bearb. von Jörg Drews, S. 87-105. - Sabine Horst: *Versuch, den populären Film zu verstehen. Kino, Kritik und Kulturindustrie heute.* In: *Zeitschrift für kritische Theorie.* Hrsg. von Gerhard Schweppenhäuser (Lüneburg). Nr. 3 (1996), S. 53-79.

[32] Es kann zum Beispiel im Text heißen: „Die weltanschaulich-ästhetischen Tendenzen der neueren massenmedialen Luther-Rezeption, insbesondere im Fernsehen, hat Wolfgang Beutin untersucht." Die Fußnote muß lauten: „Vgl. Wolfgang Beutin: *Katholischer Luther und Genosse Martin. Tendenzen der Luther-Rezeption im Fernsehen und in der Illustriertenpresse der Bundesrepublik Deutschland im „Lutherjahr" 1983.* In: W. Beutin (oder: Ders.): *Vom Mittelalter zur Moderne. 2 Bände. Hamburg 1994. Bd. 1: Zur Literaturgeschichte des Mittelalters, der Renaissance und des Barocks,* S. 130-142; darin auch über die Luther-Rezeption in der DDR, S. 136 ff. Oder, verkürzt: BEUTIN 1994b, Bd. 1, S. ... (vgl. Anm. 26).

zeichen“ - das Zitat im Zitat zwischen seinen einfachen ‚Anführungsstrichen' - all das enthalten, was der Zitierende mit dem Zitat belegen möchte; aber nicht mehr, als dafür notwendig ist. Deshalb muß das Zitat einerseits umfangreich genug sein, darf aber nicht uferlos geraten und so den Lesefluß hemmen.

Das Zitat sollte unmittelbar aus der *Primärquelle* übernommen werden und nicht aus irgendwelcher Sekundärliteratur. Ist die Originalquelle, zum Beispiel ein Archivmaterial, nicht verfügbar, kann bzw. muß – mit den Zusätzen „Zitiert in“, „Zitiert bei“ oder „Zitiert nach“ – auf eine Sekundärquelle zurückgegriffen werden.[33]

Die buchstäbliche Genauigkeit bezieht sich auch auf veraltete und falsche Schreibweisen oder Zeichensetzungen; sogar inhaltliche Fehler in der Quelle müssen übernommen werden. Durch Kennzeichnung mit "sic!" (lat.: "Es steht wirklich so da!") vermerkt der Verfasser, daß der Fehler nicht von ihm verursacht wurde.

Ferner müssen Eingriffe in den Originaltext kenntlich gemacht werden: Eigene Ergänzungen werden in eckige Klammern gesetzt, Kürzungen durch Einfügen von drei Punkten in eckigen Klammern markiert [...]; eigene Hervorhebungen – zum Beispiel durch Kursivdruck – sind innerhalb der Quellenangabe zu vermerken („Hervorhebung/-en: Verf.“). Bei umfangreichen Auslassungen ist es angebracht, das Zitat zu beenden; nach einem weiterführenden eigenen Text wird dann die Fortsetzung als neues Zitat angeführt. Wenn ein Zitat mitten in einem Satz beginnt oder aufhört, sind wie in den eben genannten Fällen Auslassungspunkte zu verwenden [...].

Auch fremdsprachige Texte müssen wörtlich und übersetzt zitiert werden. Ist eine eigene Übersetzung notwendig, wird sie als solche im Zitatnachweis gekennzeichnet („Übers.: Verf.“; „übers. vom Verf.“).

---

[33] Wassily Kandinsky: An Gabriele Münter, 12. Juni 1904. In: Briefwechsel W. Kandinsky - G. Münter. Gabriele-Münter-Stiftung. Städtische Galerie im Lenbachhaus, München. *Zitiert in:* Michaela Rammert-Götz: *Wege zur Abstraktion im Münchner Jugendstil.* In: Hans Ottomeyer (Hrsg.) *Wege in die Moderne. Jugendstil in München 1896 bis 1914.* Kassel 1996 (Katalog Staatliche Museen), S. 62. - Bruno Nowak: *Die Bauten am „Platz Adolf Hitlers“. Die bauschöpferische Idee des Führers und ihre Verwirklichung.* In: „Thüringer Gauzeitung“ (Weimar), 15. Mai 1937. Zitiert nach: Christiane Wolf / Andrea Dietrich: *„Kulturmittelpunkt von rein nationalsozialistischem Gepräge“. Die Bauten am „Platz Adolf Hitlers“ in Weimar.* In: Hans Wilderotter / Michael Dorrmann (Hrsg.): *Wege nach Weimar. Auf der Suche nach der Einheit von Kunst und Politik. Eine Ausstellung der Regierung des Freistaats Thüringen in Zusammenarbeit mit dem Deutschen Historischen Museum Berlin.* Berlin 1999, S. 253.

Noch ein Wort zu den häufig, zum Beispiel bei sinngemäßen Wiedergaben von anderen Texten, unkorrekt verwendeten Verweisungen „Vergleiche“ (Vgl.) und „Siehe“ (s.). Wenn ein Gedankengang übernommen und referiert, aber nicht zitiert wird bzw. wenn auf ein Faktum verwiesen wird, ist „Vgl.“ anzugeben; „Siehe“ oder „Siehe dazu“ nur, wenn ein Literaturhinweis, zum Beispiel auf eine Rezension, gegeben wird.[34]

■ *Wichtige bibliographische und sonstige Abkürzungen*

[34] Es kann z. B. in einem Text heißen: „Das literarische Werk des französischen Romanciers und Essayisten Antoine de Saint-Exupéry (1900-1944) zeugt von demselben ethischen Impuls, der ihn auch Flieger werden ließ.“ Die Fußnote kann lauten: „*Vgl.* B. S. (d. i. Brigitte Sändig): *Saint-Exupéry, Antoine de.* In: Manfred Naumann (Hrsg.): *Lexikon der französischen Literatur.* Leipzig 1987, S. 397. *Siehe* dazu auch die materialreiche biographische Darstellung seines Zeit- und Weggenossen John Philips: *Adieu, Saint-Exupéry! Unsterblicher Kleiner Prinz.* Freiburg i. Br. 1994.“

V Wissenschaftliches Arbeiten mit den Neuen Medien

Der bekannte Wirtschaftshistoriker Jürgen Kuczinsky verweist in seinem letzten Buch *Vom Zickzack der Geschichte* auf die neue Revolution der gesamten Produktions- und Reproduktionsweise sowie der menschlichen Lebensformen, die mit künstlicher Intelligenz, Computerisierung der Produktion, neuen Medien verbunden ist. Er benennt die Konsequenzen auch für die Veränderung der bisherigen Erwerbsarbeit, die Neustrukturierung sozialer Klassen und Schichten.[35] Mit diesen und anderen, das Ganze der Kultur erfassenden Veränderungen greife diese Revolution mindestens genauso tief wie die industrielle Umwälzung des 18./19. Jahrhunderts, sei darüber hinaus nur mit der Tiefenwirkung der agrarischen Revolution vor zehn- bis fünfzehntausend Jahren zu vergleichen, in der mit dem Mehrprodukt und dem Patriarchat die klassengesellschaftliche Zivilisation entstand.[36]

So verbirgt sich auch hinter dem Wettbewerb um neue Programm- und Vermarktungsstrategien, um neue Zielgruppen, wie er innerhalb des „dualen Systems" zwischen öffentlich-rechtlichen und privaten Rundfunkanstalten geführt wird, ein tiefgreifender, nicht nur die Medien selbst betreffender Basisprozeß. Es versteht sich von selbst, daß dieser Auswirkungen auf Gegenstände, Traditionsbeziehungen, Gestaltungs- und Rezeptionsweisen wissenschaftlicher Arbeit, nicht zuletzt auf deren Berufsfelder hat. Das ist ablesbar unter anderem an der Entstehung und Differenzierung der Disziplin „Medienwissenschaft" mit unterschiedlichen Akzentuierungen wie Publizistik- oder Kommunikationswissenschaft, Medienmanagement und -beratung (Angewandte Medienwissenschaft).[37]

---

[35] Vgl. Jürgen Kuczinsky: *Vom Zickzack der Geschichte. Letzte Gedanken zu Wirtschaft und Kultur seit der Antike*. Köln 1996, S. 89-104.

[36] Vgl. ebd., S. 9 f.

[37] Siehe dazu Norbert Gabriel: *Kulturwissenschaften und Neue Medien. Wissensvermittlung im digitalen Zeitalter*. Darmstadt 1997; Heinz-B. Heller u. a. (Hrsg.): *Medienwissenschaft: ein Gegenstand - viele Wissenschaften*. Marburg 1999. - An der Hochschule für Musik und Theater Hannover, Institut für Journalistik und Kommunikationsforschung, z. B. beinhaltet das Hauptfach „Medienwissenschaft" das Wissen über Aufbau und Funktionsweisen der Massenmedien sowie die Rolle des Publikums; das Nebenfach „Angewandte Kommunikationsforschung" vermittelt die Methoden sozial-empirischer Forschung (Befragung, Inhaltsanalyse, Experiment, Statistik, Datenanalyse). Als zweites Nebenfach können unter anderen Philosophie, Geschichte, Soziologie oder Musikwissenschaft belegt werden. Die Absolventen sind beispielsweise als Geschäftsführer

Hier sollen aber vor allem die multimedialen wissenschaftlichen Arbeitsmittel im Blickpunkt stehen, welche die Nutzung „klassischer" Medien wie des Nachschlagewerks, des Quellenverzeichnisses oder der Rezensionszeitschrift nicht ersetzen, aber ergänzen und optimieren können.[38] Schon ein handelsüblicher Personal-Computer mit seinen Möglichkeiten der ständigen Aktualisier-, Korrigier- und Speicherbarkeit der Texte auf Festplatte und Diskette, des Einfügens und Versetzens von diversen Steuerzeichen (zum Beispiel für Fußnoten) und der Markierung von Stichworten sowie der Rechtschreibkontrolle ist heute unabdingbare Voraussetzung für effektives Formulieren und Schreiben. Hinzu kommt ein spielerisches Moment, denn die Gestaltungsmöglichkeiten bieten neue Anreize für die inhaltliche Arbeit, zum Beispiel für originelle Formulierungen – nur darf man sich den Blick für das Wesentliche durch die „Benutzeroberfläche" nicht trüben lassen.

Darüber hinaus erschließt der PC ja auch weitere Neue Medien: zum Beispiel die „interaktive" CD-ROM. So gibt es illustrierte Lexika, Texteditionen, Biographien und Stilkunden für viele Disziplinen. Neben der Volltextrecherche können nach bestimmten Kriterien, wie der Selektion nach Epochen, Gattungen und Künstlern, nach bestimmten Textbereichen (zum Beispiel den bibliographischen Angaben), Suchvorgänge gestartet werden. Und alle Texte sind zumeist in verschiedenen Formaten ausdruck- oder für die Textverarbeitung in die Zwischenablage kopierbar, können mit „Lesezeichen" versehen werden. Neben Online-Aktualisierungen durch die betreffenden Verlage ist es möglich, zum Beispiel Lexikonartikel mittels eigener Eintragungen auf dem neuesten Stand zu halten.

Informationsbesuche in den Medien-Abteilungen großer Buchhandlungen und Bibliotheken sind daher sehr nützlich. Sie machen bewußt, daß diese Kommunikationsmittel für alle, die viel recherchieren, wichtig sind. Denn kaum

---

von Werbeagenturen, Referenten in Landesmedienanstalten, Multimedia-Beauftragte von Kaufhausketten oder Public-Relations-Verantwortliche von Industrie- und Handelskammern tätig. – Vgl. Philipp Stradtmann: *Medienpraxis im Studium – in Hannover keine Frage.* In: *Allgemeiner Hochschulanzeiger.* Jg. 1996. Nr. 30, S. 12.

[38] Erinnert sei hier nur an einige „Klassiker" der Literaturwissenschaft, an Paul Raabe: *Quellenrepertorium zur neueren deutschen Literaturgeschichte. 2., umgearbeitete Aufl. des quellenkundlichen Teils der Quellenkunde zur neueren deutschen Literaturgeschichte.* Stuttgart 1966 (Sammlung Metzler. Realienbücher für Germanisten. Abt. B: Literaturwissenschaftliche Methodenlehre.); an Johannes Hansel: *Bücherkunde für Germanisten. Studienausgabe.* 5., vermehrte Aufl. Berlin (West) 1968; und an den multidisziplinären *Referatedienst zur Literaturwissenschaft* (Berlin), 1968-1999; ab Jg. 2000: *paratexte intermedial.*

ein Fachgebiet ist nicht vertreten. Die französische Literaturzeitschrift *Lire* sprach hinsichtlich des Verlagswesens sogar von einem medialen „Bürgerkrieg".[39]

Wer über keinen eigenen Internet-Anschluß mit Modem oder ISDN-Karte verfügt, sollte darüber hinaus regelmäßig eines der vielen „Internet-Cafés" aufsuchen, die es mittlerweile in jeder größeren Stadt gibt; am besten bereits gerüstet mit notierten Adressen, um Zeit für die Inanspruchnahme der „Suchmaschinen" und damit Kosten für die Onlineverbindung zu sparen. Das Internet gleicht zunächst einer riesigen, ständig aktualisierten, aber noch schlecht katagolisierten Bibliothek, in der zahllose Sammelwerke, Monographien und Zeitschriften aufgereiht sind, die wiederum häufig keine hinreichend aussagefähigen Inhaltsverzeichnisse haben. Deshalb sind diese „Suchmaschinen" notwendig.

Allerdings findet man im Internet – wie in jeder guten Bibliothek – zumeist mehr als man sucht, denn es ist auch eine unerschöpfliche Kontaktbörse. Viele wissenschaftliche Institutionen haben ausführliche „Homepages", die über ihre Arbeitsgebiete und Veröffentlichungen informieren. Sie liefern Aufschlüsse über fachliche Berührungspunkte. Die meisten freuen sich über Aktivitäten, die Interesse an ihrer Arbeit bekunden und schicken gern aktuelle, über ihre Datenbanken noch nicht veröffentlichte Unterlagen. Das hilft, das wissenschaftlich unnütze, in den Massenmedien betriebene „Informations-Recycling"[40] zu vermeiden.

▮ *Literaturverzeichnis unter besonderer Berücksichtigung Neuer Medien*

---

[39] Vgl. (anon.:) *Les editeurs en ligne.* In: *Lire* (Paris). Nr. 271 (Dezember 1998/Januar 1999), S. 30.

[40] Vgl. Lothar Hausmann: *Informations-Recycling eröffnet neue Chancen.* In: Berthold L. Flöper (Hrsg.): *Ratgeber Freie Journalisten. Ein Handbuch.* Berlin 1992, S. 101-105.

VI „Rede, daß ich dich sehe!" – Wissenschaft und Rhetorik

1 Schreiben allein genügt nicht

Mit dem zitierten Motto versah Johann Georg Hamann (1730-1788), der aus Königsberg stammende Schriftsteller und Sprachtheoretiker, seine *Aesthetica in nuce, eine Rhapsodie in kabbalistischer Prosa* (1761). Sprache bedeutete ihm eine aus Anschauung und Gefühl erwachsende, die menschliche Vernunft tragende Kraft. Hier und in seinen *Kreuzzügen eines Philologen* (1762) kämpfte er gegen jeden normativ-ästhetischen Regelzwang, entwickelte großen Metaphernreichtum, baute weit ausholende Perioden, verlieh der grammatischen Zeichensetzung und der Stellung der Satzglieder eine vor allem rhetorisch-rhythmische Funktion.

Mit einer Erwartungshaltung, wie sie das zitierte Motto umreißt, wird Vortragenden im Doktorandenseminar, auf Konferenzen, im Gruppengespräch manche Zuhörerin, mancher Zuhörer begegnen. Deshalb muß eine Rede natürlich besonders sorgfältig vorbereitet, um nicht zu sagen: komponiert werden. Eine nicht unbedingt stur geradlinige, lineare, sondern auch originelle Umwege benutzende, aber in sich logische Argumentation, eine abwechslungsreiche, lebendige, nachvollziehbare Sprache – das sind einige entscheidende Faktoren. Sie gelten natürlich insbesondere für solche Höhepunkte der eigenen Arbeit wie die Referate im Doktorandenseminar und die (oft universitätsöffentliche) Verteidigung.

Um erneut auf die Promotionsordnungen zu sprechen zu kommen: Üblicherweise soll die Doktorandin oder der Doktorand ja „zu Beginn ihrer/seiner Arbeit die Konzeption einschließlich der wissenschaftlichen Schwerpunkte und nach Vorliegen des Rohmanuskripts die wesentlichen Ergebnisse vorstellen".[41] Und in der Verteidigung bzw. „Wissenschaftlichen Aussprache" soll „die Antragstellerin oder der Antragsteller den theoretischen und methodischen Ansatz und die daraus gezogenen Schlußfolgerungen ihrer oder seiner Dissertation darlegen sowie zeigen, daß sie oder er die Dissertation in den Zusammenhang der betroffenen Forschungsdisziplinen einordnen und gegenüber Fragen und Einwänden Stellung nehmen kann".[42]

---

[41] *Promotionsordung der Bauhaus-Universität Weimar* (vom 3. Juli 1996). § 5, Absatz 6.
[42] *Neufassung der Ordnung für die Promotion zur Doktorin/zum Doktor der Philosophie (Dr. phil.) an der Technischen Universität Berlin vom 9. Juli 1996.* § 2, Abs. 3.

2 Zur Redetext-Vorbereitung

Die gute Vorbereitung ist selbstverständlich eine unabdingbare Voraussetzung für die Tragfähigkeit der Rede-Substanz, die Wirkung des Gehalts eines Redebeitrags: Eine Rede muß gut konstruiert, Rednerin und Redner müssen „redlich" sein.

So kann die – am besten frei, nur mit Stichwortzettel, gesprochene *Einleitung* je nach Themenstellung fragend, sogar provozierend, auch humorvoll sein. Hier bilden treffende Zitate, Anekdoten, Schilderungen von Erlebnissen gute Startmöglichkeiten. Auch die spontane Anknüpfungstechnik ist ein guter Beginn: Aus der Situation am Ort des Vortrags oder aus dem Text des Vorredners wird etwas gefunden, das eine Brücke zum Thema schlägt.

Intensive Vorbereitung verlangt auch der *Schluß* einer Rede; er sollte ebenfalls frei gesprochen werden. Ein Stichwortzettel kann hilfreich sein, ein Sicherheitsgefühl vermitteln. Schließen sollte man nie floskelhaft („Das wär's ..."), sondern zusammenfassend, an die Zuhörer appellierend, einen Ausblick auf die Zukunft gebend, auf noch zu lösende Probleme hinweisend. Der erste Eindruck, den ein Redeanfang vermittelt, ist entscheidend; der letzte Eindruck aufgrund des Schlusses bleibt – und kann bei einer anschließenden Diskussion das berühmte „Eis" brechen helfen.

Während dieser sollte man genau zuhören und davon ausgehen, daß man mit Kritik nicht nur leben, sondern sie auch nutzen muß. Das Reagieren muß sachbezogen, nie personenbezogen sein. Kenntnislücken einzuräumen, Anregungen interessiert aufzugreifen – ohne die eigene Position zu unterschlagen –, spricht immer für Souveränität. Bei der Vorbereitung sollte man sich auf mögliche Fragen und Antworten einstellen, zum Beispiel auch durch Diskussionen in Arbeitsgruppen oder während Promotions- und Habilitationsverfahren. Wer sich darin übt, Positives bei anderen zu entdecken, wird es auch bei sich finden.

Anfang und Schluß einer Rede sollten nicht mehr als etwa ein Viertel der gesamten Redezeit – die gerade bei Konferenzen und Tagungen strikt einzuhalten sind – ausmachen. Das ist allerdings kein Dogma. Manchmal bieten sich gerade nur wenige kurze, prägnante Sätze als Einführung an.

Wann immer es dem Anliegen dient, sollten die Möglichkeiten moderner Präsentationstechnik genutzt werden, eines Dia- oder Overheadprojektors, eines Videogeräts, eines CD-Players, um einen Vortrag zu gestalten. Die Möglichkeiten des gesprochenen – also vergänglichen – Wortes dürfen nicht überschätzt werden: So denken Kinder ja überwiegend nicht in Begriffen, sondern in Bildern. Sie haben ein quasi fotografisches Gedächtnis, mit dem sie ganze Erfahrungskomplexe speichern. Mit dem Erlernen des Alphabets und der Schriftsprache verlieren dann Vorstellungskraft und bildhaftes Gedächtnis an Bedeutung. Aber deren Fähigkeiten gehen nicht verloren. Logische Elemente werden mit Bildern, aber auch sinnlichen Wahrnehmungen wie Gerüchen und Klängen verknüpft. Die Erinnerungen haften deshalb besser, weil sie über die rechte Gehirnhälfte bis in das Gefühlszentrum gelangen. Je vielfältiger, sinnlicher und lustbetonter die Lernsituation ist, desto besser funktioniert das Gehirn.

Deshalb verbleiben nur etwa 10% vom Inhalt einer Rede im Gedächtnis der Zuhörerschaft – Interesse vorausgesetzt. Mit dem Einsatz audiovisueller Mittel wird diese Gedächtnishaftung auf etwa 30 bis 40% erhöht. Ferner: Wenn die Möglichkeit genutzt wird, Gliederung, Thesen, Verständnisskizzen und Literaturhinweise in Kopie auszugeben, so ist die Wirkung besser und die Gedächtnishaftung noch weit höher. Etwa 60 bis 70% der Rede werden von den so einbezogenen und aktivierten Zuhörern behalten.

Ein optimales Ergebnis wird erzielt, wenn mit dem Einsatz moderner audiovisueller Wiedergabetechnik eine plastische Sprache korrespondiert, ein abwechslungsreicher Rhythmus, eine dialogische Struktur, das auch spielerische Erzählen von Gedanken. Für eine derartige Sprachgestaltung gibt es viele Vorbilder.[43]

Das Verlieren in allzu vielen Nebensätzen und in Attributhäufungen schadet. Die führen nämlich vom Wesentlichen des Satzes weg zu Nebensächlichem. Gut üben läßt sich am Anfang sprachliche Vielfalt auch mit einem Synonym-Lexikon.[44] Ein Volksstamm in der Südsee hat zum Beispiel allein für die Farbe Blau 85 unterschiedliche Wörter. Das ist für ihn eine existenzielle Notwendigkeit, denn anhand von anschaulichen Beschreibungen des Wetters können mögliche Katastrophen vorhergesagt werden.

3 Das Redeskript

Jegliches Hantieren während des Vortrags mit Notizzetteln, Büchern und Lesezeichen sollte vermieden werden. Denn das macht nicht nur die/den Vortragende(n), sondern auch das Publikum unnötig nervös, kostet überdies Zeit. Lieber sollte vorher am Computer eine Textversion ohne – beim Ablesen nur störende, möglicherweise sogar verwirrende – Anmerkungsziffern und Zitatnachweise erstellt werden. Textteile, die zitiert werden sollen, können kursiv oder in Anführungszeichen, auch zwischen Gedankenstriche gesetzt und mit Formulierungen

---

[43] Siehe dazu u. a. Almut Todorow: *Das Feuilleton der „Frankfurter Zeitung" in der Weimarer Republik. Zur Grundlegung einer rhetorischen Medienforschung*. Tübingen 1996.

[44] Vgl. z. B. Herbert Görner / Günter Kempcke: *Wörterbuch Synonyme*. München 1999.

wie „Zitat:“ oder „Ich zitiere:“, „Es heißt:“ oder „Er/Sie schrieb:“ usw. versehen werden. Man sollte versuchen, durch Veränderung der Sprechweise alle Zitate, also zum Beispiel auch halbe Sätze oder Begriffe, akustisch kenntlich zu machen.

Eine am PC erstellte Textversion ohne Worttrennungen, aber mit farbigen rhetorischen Zeichen, zum Beispiel mit „*“ oder „>“ für hervorzuhebende Stellen, mit einer oder mehreren Leerzeilen für Pausen, erleichtert das Vortragen. Dieses kann schließlich durch lautes Vorlesen und Aufzeichnen mit Hilfe eines Diktiergeräts geübt werden.

▮ *Ein Dispositions-Beispiel*

4 Überzeugen oder interessieren?

„Überzeugen ist unfruchtbar“, meinte wortspielerisch, doppeldeutig der deutsch-jüdische Philosoph, Kunst- und Medientheoretiker Walter Benjamin (1892-1940) in seiner philosophisch-physiognomischen, 1928 erschienenen Prosasammlung Einbahnstraße.[45] (Er meinte auch das ‚Über-Zeugen‘.)

Tatsächlich wimmelt es auf dem Buch- und Zeitschriftenmarkt von guten Ratschlägen vor allem für Manager und Politiker, die suggerieren, daß es stets um das Überzeugen – im Sinne von Überreden – ginge.[46] Aber ein universitäres Gremium, eine Projektgruppe, ein Doktorandenseminar, ein Arbeitskreis oder das Plenum einer wissenschaftlichen Konferenz besteht nur in sehr entferntem Sinne aus „Kunden“, erpicht auf „Karriereförderung“ ...

Unter den künftigen Zuhörerinnen und Zuhörern wird es immer welche geben, die ein anderes Verständnis von dieser Welt und – infolgedessen – vom wissenschaftlichen Gegenstand haben als die/der Vortragende. Souverän zu akzeptieren ist, daß es andere, kaum zu verändernde oder gar umzukrempelnde Weltbilder und Bilderwelten gibt; man sollte also erst gar nicht versuchen, in diese einzudringen, ihre Vertreter zu „missionieren“ oder zu „motivieren“. Das wird auch mit Hilfe eines akademischen „Trojanischen Pferdes“, konstruiert nach den zweifellos noch heute verlockenden Regeln der antiken Überzeugungsrhetorik von Demosthenes († 322 v. u. Ztr.) oder Marcus Tullius Cicero († 43 v. u. Ztr.),[47] nicht gelingen.

---

[45] Walter Benjamin: *Gesammelte Schriften*. Hrsg. von Rolf Tiedemann und Hermann Schweppenhäuser. Bd. IV. 1. Frankfurt a. M. 1980 (u. ö.), S. 87.

[46] Siehe z. B. Nikolaus B. Enkelmann: *Die Sprache des Erfolgs. Rhetorik und Persönlichkeit*. Wiesbaden 1998.

[47] Siehe dazu Manfred Fuhrmann: *Die antike Rhetorik*. Zürich 1995.

Zu versuchen ist vielmehr, mit diesen Welten zu kommunizieren, sie *an*-zusprechen, indem die eigenen Gedanken richtig aufgebaut und engagiert übermittelt werden. Was heißt das?

Für jeden Vortrag ist es wichtig, sich zur Interessenlage der Hörenden in Beziehung zu setzen. Es gilt, vom „Ich" über das „Wir" zum „Sie"-Standpunkt überzugehen: Jede und jeder ist nur an dem interessiert, was sie/ihn in irgendeiner Form beschäftigt. Die Bewertung einer Rede ist daher auch hinsichtlich des Sachgehalts immer sehr subjektiv.

Es wird nicht nur „zur Sache" gesprochen, sondern zu Menschen. Versucht werden muß also, schon bei der Vorbereitung die Erwartungshaltung, auf die man treffen wird, herauszufinden und im Vortrag zu verwerten. Vorangegangene Diskussionen zum Beispiel im Doktorandenseminar, die konzeptionellen Unterlagen von Tagungsbüros oder auch Gespräche mit Tagungsteilnehmern in den Pausen können dabei sehr hilfreich sein.

Und schließlich: Aus jedem Diskussionsbeitrag, aus jeder Ansprache, aus jedem fest umrissenen akademischem Vortrag läßt sich – deutlicher, weil unmittelbarer als in der Schriftsprache – die innere Einstellung zur Thematik, das innere Engagement entnehmen. Das ist der wesentliche Punkt, der über Erfolg oder Mißerfolg entscheidet.

Alle anderen Punkte – wie Zeiteinteilung, Gliederung, Auftreten, Sprechtechnik, Angemessenheit der Kleidung – sind auch wichtig, haben aber letztlich nicht diese Bedeutung. Der aufmerksame Zuhörer in der ersten Reihe wird auch vielleicht andere Charakteristika der Redeweise beachten – etwa Anrede, Dialekt, Gestik – als der weniger interessierte in der letzten Reihe, der zwischendurch lieber über seine Steuererklärung oder den nächsten TÜV-Termin nachsinnt. Das durch eine Rede tatsächlich nach außen gebrachte, mit Stoffbeherrschung gepaarte innere Engagement jedoch hinterläßt bei allen einen bleibenden Eindruck.

VII Ende und Anfang - zum Promotionsverfahren

Schon mit der Anmeldung des Themas treten hochschuljuristische Faktoren in Kraft, die es rechtzeitig zu kennen und zu berücksichtigen gilt. Mit der Ausarbeitung einer künftigen „Phil. Diss." in allen Teilen, einschließlich thesenartiger *Zusammenfassung*, *Kurzbiographie* (mit Schwerpunkt auf dem Bildungsweg) und *Eidesstattlicher Erklärung*,[48] ist es nicht getan.

Die allgemeinen Grundsätze des Hochschulwesens sind im 1976 auf Bundesebene erlassenen "Hochschulrahmengesetz" geregelt. Das Bildungswesen ist aber grundsätzlich Sache der einzelnen Bundesländer. Daher bestimmen deren Gesetze und Verordnungen auch das Promotionsrecht.

Die einzelnen Promotionsordnungen – in Deutschland gibt es rund 1.000 – legen zumeist die Fakultäten bzw. Fachbereiche der promotionsberechtigten Hochschulen fest. Sie enthalten oft sehr unterschiedliche Regelungen: zum Beispiel hinsichtlich der Anmeldung zur Promotion, der Einrichtung von Doktorandenseminaren, der Eröffnung des Verfahrens, der Begutachtung und Bewertung der Dissertation, ihrer formalen Gestaltung, der Verwendung bereits veröffentlichter Arbeiten in ihr und der Abgabe von gedruckten Pflichtexemplaren der Dissertation bzw. ihrer elektronischen Speicherung, des Widerspruchsrechts und der personellen Zusammensetzung von Promotionsausschüssen oder Graduierungskommissionen.[49]

So können neben erfolgreich absolvierten berufsqualifizierenden *Abschlußexamen* – wie dem Staatsexamen für das Lehramt an der Oberstufe Allgemeinbildender Schulen, Magister- oder Diplomprüfungen und gleichwertigen ausländischen Examina – noch weitere *Zulassungsvoraussetzungen* verlangt werden, zum Beispiel das Große Latinum, sogar ein- bis mehrsemestrige Zusatzstudien und

---

[48] Hier das Beispiel aus der *Promotionsordnung der Fakultät Gestaltung an der Bauhaus-Universität Weimar* (vom 3. Juli 1996), *Anlage 1*:
„Eidesstattliche Erklärung
Ich erkläre hiermit in Kenntnis der strafbaren Folgen einer eidesstattlichen Falschaussage an Eides Statt, daß ich die vorliegende Arbeit ohne unzulässige Hilfe Dritter und ohne Benutzung anderer als der angegebenen Hilfsmittel angefertigt habe. Die aus anderen Quellen direkt oder indirekt übernommenen Daten, Methoden und Konzepte sind unter Angabe der Quelle gekennzeichnet.
Ort, Datum Unterschrift"

[49] Dieselbe *Promotionsordnung* verlangt z. B. in ihrem § 3, Absatz 4, daß die „Graduierungskommission (...) zu mindestens 50 % mit Frauen zu besetzen (ist)".

eine „Feststellungsprüfung auf dem Gebiet der beabsichtigten Dissertation und den angrenzenden Gebieten“[50].

Auch die im Rahmen des Promotionsverfahrens zu erbringenden mündlichen Prüfungsleistungen, ihr Umfang, ihre Dauer, ihr Öffentlichkeitsgrad sind unterschiedlich festgelegt. An manchen Fakultäten erfolgt – nach der Entscheidung über die Zulassung zur Promotion aufgrund der schriftlichen Leistung – eine ausführliche, zumeist mehrteilige mündliche Prüfung, das „Rigorosum“; an anderen findet ‚nur' eine mündliche Verteidigung der Arbeitsergebnisse statt, eine „Disputation“ oder „Wissenschaftliche Aussprache“ mit vorangehendem Referat des Doktoranden, teilweise unter Berücksichtigung auch des „Forschungsstands angrenzender Fachgebiete“[51].

„Doktormütter und -väter“ – als Zentralgestalten des gesamten Arbeitsprozesses von der Konzipierung der Arbeit bis zum abschließenden Promotionsverfahren – entscheiden darüber, ob ein Thema bei der zuständigen Fakultät angemeldet wird oder nicht, geben Hinweise zur theoretischen Fundierung der Arbeit, ihrer Platzierung in der Forschungslandschaft, zu den bevorstehenden Prüfungen. Nicht immer sind sie detailliert mit der Materialbasis und den historisch-theoretischen Besonderheiten des vorgeschlagenen Themas vertraut. Das muß allerdings kein Nachteil sein, weil es eine produktive Distanz schafft. Man versuche vor allem, von ihrer Erfahrung zu profitieren und eine schöpferische Diskussion, einen für beide Seiten interessanten Austausch in Gang zu halten. Denn „Dissertation“ heißt – Auseinandersetzung!

Für die Betreuung von externen Doktoranden/-innen ohne feste Anbindung an ein Institut kommen neben Hochschulprofessoren auch Privatdozenten, also habilierte Wissenschaftler mit Lehrauftrag, und emeritierte Hochschullehrer in Frage. Einen juristischen Anspruch auf eine Betreuung bestimmten Umfangs und bestimmter Qualität gibt es nicht. Jedoch schreiben manche Fakultäten bzw. Fachbereiche einen allgemeinen wissenschaftlichen Betreuungsanspruch für den Fall der Annahme der Anmeldung zur Promotion fest.[52]

---

[50] *Neufassung der Ordnung für die Promotion zur Doktorin/zum Doktor der Philosophie (Dr. phil.) an der Technischen Universität Berlin vom 9. Juli 1996.* § 4, Abs. 3.

[51] *Promotionsordnung des Fachbereichs Sprachwissenschaften der Universität Hamburg. Vom 14. Juni 1995.* § 10, Abs. 3.

[52] In der *Promotionsordnung der TU Berlin* z. B. heißt es: „Im Fall der Annahme der Anmeldung hat die Kandidatin oder der Kandidat einen Anspruch auf Beratung und angemessene Unterstützung durch den Fachbereich und die betroffenen wissenschaftlichen Einrichtungen im Rahmen der zur Verfügung stehenden Sach- und Personalmittel. Reichen diese Mittel nicht aus, sollen der Fachbereich und die betroffenen wissen-

Überdies lehrt die Erfahrung, daß die universitären Betreuer/-innen an attraktiven Material- und Theorieangeboten von Externen sowie an durch sie womöglich vermittelten neuen Kontakten zur Kultur- und Medienpraxis grundsätzlich sehr interessiert sind. Eine professionelle Wissenschaftsberatung wird nicht zuletzt in dieser Hinsicht, bei der Findung optimaler Partner, wirksam helfen können.

---

schaftlichen Einrichtungen die Kandidatin oder den Kandidaten bei der Beschaffung weiterer Mittel unterstützen." (A. a. O., § 3, Abs. 4.)

Anhang

1 *Mögliche Promotionsgebiete für Kultur-, Kunst- und Medienwissenschaftler/-innen* (Auswahl)

Kulturwissenschaft

Ästhetische Kultur

Alltagskultur

Arbeitskultur

Empirische Kulturforschung

Freizeitkultur

Geschichte der Kulturtheorien

Geschlechterkulturen

Industriekultur

Kommunikationskultur

Kulturanthropologie

Kulturethnologie

Kulturgeschichte

Kulturmanagement

Kulturpädagogik

Kulturphilosophie

Kulturpsychologie

Kultursoziologie

Kulturtheorie

Mentalitätsforschung

Philosophische Ästhetik

Philosophische Grundlagen der Kulturforschung

Soziokultur

Tourismus

Werbekultur

Kunstwissenschaften

Ästhetisches Denken

Ästhetisches Verhalten

Bildanalyse

Darstellende Kunst

Geschichte und Theorie
- der bildenden Kunst,
- des Films,
- der Literatur,
- der Musik,
- des Theaters

Geschichte der Kunsttheorien

Geschichte der Kunstkritik

Ikonographie

Kunstpsychologie

Kunstsoziologie

Medienkünste

Motivforschung

Museumspädagogik

Semiotik

Spiel- und Theaterpädagogik

Medienwissenschaft

Empirische Medienforschung

Film- und Fernsehwissenschaft

Mediale Kommunikation

Mediengeschichte

Mediendesign

Medienkultur

Medienpädagogik

Medienpsychologie

Mediensoziologie

Medienwirtschaft

2 *Teile eines Exposés*

Ein Exposé muß folgendes enthalten:

1. eine Beschreibung des *Stoffgebiets*;

2. das *Thema*, das heißt: die eingegrenzte Problemstellung und ihre wissenschaftliche, auch historische Begründung, ihre aktuelle Bedeutung;

3. eine Übersicht über die *Materialbasis*, darunter die bisher ausgewertete Literatur; über die Kriterien der Materialauswahl;

4. eine Darstellung der *methodischen Ansätze* (auch in Form von rhetorischen Fragen und Hypothesen möglich);

5. einen *Gliederungsentwurf*;

6. einen *groben Zeitplan* mit Teilzielstellungen und Etappeneinteilung.

3 Ein Beispieltext

Die geradezu idealtypische Form eines Exposés ist die Kombination von ausführlichen konzeptionellen Ausführungen mit Grobgliederung und Literaturverweisen. So könnte zum Beispiel eine – inzwischen alle kultur- und kunstwissenschaftlichen Disziplinen durchdringende – theoretische Fragestellung mit starkem Praxisbezug auf folgende Weise angegangen werden:

ALTE KÜNSTE - NEUE MEDIEN

Aspekte der Erbe- und Traditionsaneignung im globalen und digitalen Zeitalter*

[1. Definition der Themenstellung:]

Wissenschaft, Erbe und Tradition
Mit dem Wirken der internationalisierten Kommunikationstechnologien und Universaldienste ist für die Kultur- und Kunstwissenschaften eine wichtige geistige Herausforderung verbunden: Weil *erstens* Kunstwerke aus vergangenen Epochen einen großen, in manchen Kunstgattungen sogar dominierenden Anteil der heute individuell rezipierten Kunst ausmachen, *zweitens* ihnen umfängliche und aufwendige kulturpolitische und private Bemühungen gelten, und drittens diese Überlieferungen auch in der aktuellen künstlerischen Produktion eine wichtige Rolle spielen, muß untersucht und diskutiert werden, welche besonderen Beiträge Kunsterbe und aus ihm gebildete Traditionen sowie kunsthistorisches

---

* Die Darstellung fußt auf der folgenden Publikation: Gerhard Wagner: *Gegenwart und Gedächtnis. Aspekte der Aneignung von Kunsterbe und -traditionen im global-digitalen Zeitalter.* In: *Weimarer Beiträge. Zeitschrift für Literaturwissenschaft, Ästhetik und Kulturwissenschaften* (Berlin/Wien). XLVI (2000) 1, S. 5-16. Siehe auch die leicht variierte Version ohne Anmerkungen: *Willkommen im Salon „Elektronik". Alte Künste – Neue Medien: Gedanken zur Erbe- und Traditionsaneignung im digitalen Zeitalter und zum Gedächtnis der Kunst.* In: *Kunst und Kultur. Kulturpolitische Zeitschrift der IG Medien* (Stuttgart). VIII (2001) 2, S. 33-41.

Orientierungswissen unter den heutigen sozialen und medialen Bedingungen leisten können. Denn die Beschäftigung mit künstlerischen Überlieferungen hat nicht nur archivalisch-editorische Quellenerschließungen und historisch-rekonstruktive Erklärungen entstehungs- und wirkungsgeschichtlicher Zusammenhänge beizubringen – sie muß einer demokratischen Kommunikationskultur auch umfassende theoretische Neudeutungen, Programmatiken und Leitbilder entwickeln und anbieten.

[2. Konzeptionelle Schwerpunkte – Erläuterungen zur Grobgliederung:]

Medien als Erbe

Über ihren zeitgeschichtlichen Rahmen hinaus verweisen theoretische Vorleistungen – wie die der kulturkritischen Frankfurter Schule[1] – zunächst auf die Notwendigkeit, die Medien selbst als Teil des kulturellen Erbes zu begreifen. Sie sind primär technisch gebundene Vermittler, die – insbesondere seit der Entfaltung des industriellen Kapitalismus im 19. Jahrhundert, aber nicht erst seitdem – wesentliche Erscheinungsformen der historischen Dialektik von technischer Produktivkraftentfaltung, sozialen Bedingungen und künstlerischen Ausdrucksbedürfnissen in produktiver wie in rezeptiver Hinsicht darstellen – vom jahrhundertealten gedruckten Buch bis zum gerade rund einhundert Jahre alten Film. Und sie weiter zu begreifen als *kulturelle Kommunikationstypen mit externer reproduktiver Funktion*, zugleich als *künstlerische Ausdrucksträger mit interner gestalterischer Funktion*. Denn die in ihnen zur Anwendung gelangenden Kommunikationstechnologien erlauben ja – über die Möglichkeiten der traditionellen Informationsträger, wie des Buches, hinaus – eine umfassende, flexible Fixierung, Verbreitung und Rezeption von optisch-akustischen Kunstwerken, Interpretationsleistungen und Adaptionen, und zwar unabhängig von deren ursprünglichen – lokalen, regionalen, nationalen – Entstehungs- und Wirkungszusammenhängen.[2]

---

[1] Siehe dazu Michael Kausch: Kulturindustrie und Populärkultur. Kritische Theorie der Massenmedien. Mit einer Vorbemerkung von Leo Löwenthal. Frankfurt a. M. 1988.

[2] Siehe dazu Edith Decker / Peter Weibel (Hrsg.): Vom Verschwinden der Ferne. Telekommunikation und Kunst. Köln 1990, und Götz Großklaus: Medien-Zeit, Medien-Raum. Zum Wandel der raumzeitlichen Wahrnehmung in der Moderne. Frankfurt a. M. 1995.

[3. Methodische und begriffliche Grundlagen:]

Erbschaft der Begriffe

Grundlegend ist die Tatsache, daß in jeder Gesellschaft nicht nur ein Erbe von Kunstwerken und aus ihnen hervorgehender Traditionslinien sowie ein Erbe und eine lange Tradition künstlerischer Selbstrechtfertigungen überliefert werden, sondern weitere Materialien, Mechanismen und Wertungen, die bis in die Gegenwart hinein die Historizität ästhetischer Wirklichkeitsbeziehungen mitbestimmen. Zu diesen zählen: zeitgenössische Produktions- und Rezeptionszusammenhänge der Künste und deren soziale Funktionen, Gattungs- und Genregefüge, künstlerische Produktionsverfahren, -materialien und -mittel, Wahrnehmungsweisen und deren technische Vermittlungen; die in und mittels Kunst sich niederschlagenden Erfahrungswerte, Zielvorstellungen und Ideale von Epochen, sozialen Schichten, Generationen und Individuen sowie wissenschaftliche und populärwissenschaftliche Rezeptionsweisen und Interpretationsmaßstäbe. Deshalb wird sich zum Beispiel im global-digitalen Zeitalter der Begriff und der Maßstab des „Schöpferischen" entscheidend verändern.[3]

[4. Schwerpunktauswahl für historische und aktuelle Modellfälle:]

Erbe, Tradition und Kunstpraxis oder Tradition und Innovation

Die Überfülle schon verfügbarer Produktions- und Reproduktionsleistungen, die Differenzierungen und Standardisierungen im weiträumigen Auswahl- und Rezeptionsverhalten des Kunstpublikums, die zunehmenden Grenzüberschreitungen zwischen Kunst, Kunstbedürfnissen und kulturellem Alltag – von denen historische Vordenker, darunter die west- und osteuropäischen Avantgardebewegungen sowie Kommunikationsutopisten wie Bertolt Brecht, nur zu träumen vermochten[4] –, die vielen neuen Bedeutungszusammenhänge, welche ältere Zeichenkulturen durch die Medien erhalten, haben vielfältige Auswirkungen auf das unmittelbare Produktionsfeld der Künstler. Sie verstärken den Traditionsdruck, revolutionieren zahlreiche künstlerische Verfahren, schaffen neue – wie „Copy Art"[5]. Originalität,

---

[3] Siehe dazu Hartmut von Hentig: Kreativität. Hohe Erwartungen an einen schwachen Begriff. München 1998.

[4] Siehe dazu Helmar Schramm: Öffentlichkeit als Medium demokratischer Produktion. Anmerkungen zu Brechts „Dreigroschenprozeß". In: notate. Informations- und Mitteilungsblatt des Brecht-Zentrums der DDR (Berlin). XII (1990) 2, S. 12 f.

[5] Siehe dazu Klaus Urbons: Copy Art. Köln 1991.

Neuerertum und Aktualität bei der Synthese von überkommenen Stoffen, Formen und Stilen aus dem weltgeschichtlichen künstlerischen Repertoire müssen sich in einem historisch neuartigen kulturellen Rahmen bewähren. Mit der Internationalisierung der Kunstproduktion und -rezeption ist – sosehr diese auch durch nationale Traditionen und Neuproduktionen gefiltert werden – eine tendenziell zunehmende Abstraktion von überlieferten nationalgeschichtlichen Besonderheiten der Kunstleistungen verbunden, die ablesbar ist unter anderem an der verstärkten Herausbildung von typisierten Gegenständen, Figuren, Methoden usw. auch im Hinblick auf Erbe- und Traditionsaneignung. Stildominanzen, wie sie zum Beispiel von Fernseh- und Kinofilmproduktionen ausgehen, aber auch von der Werbung, in der sich der Zustand der Gesellschaft in besonders verdichteter und interpretierter Form offenbart,[6] bleiben langfristig nicht ohne Auswirkungen auf die kunstpraktische Verarbeitung und die Rezeption traditioneller nationaler Stoffe, auf die Auswahl der künstlerischen Methoden und Techniken, entweder aus der vorangegangenen Kunstproduktion in der eigenen Gattung oder aus der anderer Gattungen, auf ihre *Integration*, *parallelisierende Nachahmung*, *Modifizierung* oder *Kontrastierung*.

Hierbei werden vielfältige Formen genutzt, die historisch bereits durch die antike Rhetorik vorgebildet wurden und nicht nur für die künstlerische Produktion Bedeutung haben: unter anderen die *Adaption*, die *Parodie*, die *Persiflage*, die *Travestie*, die *Paraphrase*, die *Reminiszenz*, die *Imitation*.[7] Wie auch durch die Methoden der *Anspielung*, *Allegorisierung*, *Archaisierung*, *Assoziation*, *Historisierung*, *Hyperbolisierung*, *Dissoziation*, *Personifikation* und *Simultaneisierung* kann der Künstler also unverändert eine Vielfalt von bestimmten überlieferten Objekten und Methoden aufnehmen, sie seinem Werk integrieren, sie dabei umfunktionieren; er kann aber auch verändernd übernehmen.

Ihre neue Bedeutung erhalten diese jedoch nur als Bestandteile des neuen, sowohl in Abhängigkeit von der Erbe- und Traditionsvorgabe als auch im freien Umgang mit ihr geschaffenen Werkes. Immer spiegeln das individuelle oder kollektive Neuwerk, das Thema und seine Gestaltung aktuelle Problematik – je nach Gattung, Genre, Produktionsweise mehr oder weniger direkt.

---

[6] Siehe dazu Rainer Gries u. a.: „Ins Gehirn der Masse kriechen!". Werbung als Mentalitätsgeschichte. Darmstadt 1995.

[7] Siehe dazu Werner Eisenhut: Einführung in die antike Rhetorik und ihre Geschichte. 5. Aufl. Darmstadt 1994.

4 Dauer-Prüfliste für die Arbeitsweise

- Klarheit, Konkretheit der *Zielstellung* und *Gliederung*;
- Realistik, Übersichtlichkeit der *Planung* und ihrer Prioritätensetzung;
- Grad der *Selbstdisziplin*;
- Umfang und Intensität der *Kontakte* zu Doktorvater oder -mutter, zu Gleich- und Ähnlichgesinnten, auch aus anderen Disziplinen;
- *Ablenkungsfaktoren* in Berufstätigkeit und Familie/Partnerbeziehungen und die Möglichkeiten ihrer Beseitigung;
- Erkennen der *Leistungskurven*; Schreiben von schwierigen Teilen dann, wenn feststeht, daß die Arbeit nicht unterbrochen oder gar beendet werden muß;
- *Wechsel* zwischen interessanten und weniger interessanten, routinierten Tätigkeiten; Einbau von Kontrastbeschäftigungen und zeitlichen „Pufferzonen";
- Einsatzgrad medientechnischer *Hilfsmittel*;
- Effektivität der *Ablage- und Ordnungssysteme* im Arbeitszimmer und am Schreibtisch.

5 *Systematik für ein Literaturverzeichnis*

1. *Archivmaterialien* (Originalmanuskripte, Briefe - mit Angabe des Aufbewahrungsorts und der Signatur)

2. *Hochschulschriften* (Dissertationen und Habilitationsschriften)

3. *Nachschlagewerke* (Lexika, Handbücher)

4. *Monographien*

5. *Sammelwerke*

6. *Periodika* (Zeitungen, Zeitschriften, Jahrbücher)

7. *Gesetzestexte*

6 *Wichtige bibliographische und sonstige Abkürzungen*

Abt.	Abteilung (hier: einer Edition)
Anh.	Anhang, wissenschaftlicher Apparat
Anm.	Anmerkung
Anon.	anonym (ohne Verfasserangabe)
Aufl.	Auflage
Ausg.	Ausgabe
Bd.	Band (Buch oder Zeitschriften-Jahrgang)
Beih.	Beiheft (z. B. einer CD-ROM-Edition)
Beil.	Beilage (einer Zeitschrift oder Zeitung)
Bl.	Blatt
Bll.	Blätter
Dass.	dasselbe (bei Zweit- oder Mehrfachpublikation eines Textes – dass. in:)
ders.	derselbe Autor
dies.	dieselbe Autorin; dieselben Autoren/-innen
durchges. Aufl.	durchgesehene (nochmals korrigierte) Auflage
Ebd.	Ebenda
Einf.	Einführung
Einl.	Einleitung
erg. Aufl.	ergänzte Aufl.
ersch.	erscheint, erschienen
erw. Aufl.	erweiterte Aufl.
gez.	gezeichnet (z. B. bei Verfasser-Kurzbezeichnungen in Presseartikeln)
H.	Heft (Nummer) einer Zeitschrift

in Vorb.	in Vorbereitung
Jb.	Jahrbuch
Kat.	Katalog (einer Ausstellung)
Neudr.	Neudruck (Reprint)
N. F.	Neue Folge (einer Zeitschrift, einer Buchreihe)
o. J.	ohne Jahresangabe (des Erscheinungsjahres)
o. O.	ohne Ortsangabe (Erscheinungs-, Verlagsort)
R.	Reihe (thematische Reihe eines Verlages)
Repr.	Reprint (Neudruck)
Slg.	Sammlung
s. a.	siehe auch
Sp.	Spalte
u. d. T.	unter dem Titel
u. ö.	und öfter (bei mehrfach nach dem angegebenen Jahr verlegten Texten)
URG	Urheberrechtsgesetz
verb. Aufl.	verbesserte Auflage
verm. Aufl.	vermehrte (erweiterte, ergänzte) Auflage
Verz.	Verzeichnis
Vollst.	Vollständig
Zs.	Zeitschrift

7 *Literaturverzeichnis unter besonderer Berücksichtigung Neuer Medien*

Bücher

Manfred Kammer: *Bit um Bit. Wissenschaftliche Arbeiten mit dem PC.* Stuttgart 1997. (Slg. Metzler, 300.)

Thomas Lauer: *Internet-Kompendium.* Haar b. München 1997.

Paul Tiedemann / Andreas Ohrmund: *Internet für Historiker. Eine praxisorientierte Einführung.* Darmstadt 1999.

Paul Tiedemann / Wolfgang Nethöfel: *Internet für Philosophen. Eine praxisorientierte Einführung.* 2., überarb. Aufl. Ebd. 1999.

Birgit Richard / Paul Tiedemann: *Internet für Kunsthistoriker.* Ebd. 1999.

Hartmut Schönherr / Paul Tiedemann: *Internet für Germanisten.* Ebd. 1999.

CD-ROM-Grundlagenwerke

Allgemeine Nachschlagewerke

Der Brockhaus multimedial 2001 premium. Mannheim 2001. – Mit 172.000 Stichwörtern, 10.000 Fotos und 120 Videos. – Auch auf DVD-ROM.

Microsoft Encarta Enzyklopädie 99. (Auch Ausgabe „1999 Plus“ und „Update“.) - Umfassendes allgemeines Nachschlagewerk mit rund 33.000 Artikeln (kostenlose monatliche Aktualisierungen), 150.000

Querverweisen, 7.200 Fotos und anderen Illustrationen, 900 Karten; 1.000 Links zum Internet und anderen interaktiven Medienelementen.

Literatur zu einzelnen Disziplinen

Philosophie von Platon bis Nietzsche. Digitale Bibliothek. Berlin (Directmedia Publishing) 2001.

Deutsche Literatur von Lessing bis Kafka. Digitale Bibliothek. Ebd. 1998.

Walter Killy: *Literaturlexikon. Autoren und Werke deutscher Sprache.* Ebd. 1998.

Kindlers Neues Literaturlexikon. München (Systhema) 1999.

Elektronisches Sachwörterbuch zur deutschen Literatur. Stuttgart (Reclam) 2000.

Brockhaus Riemann Musiklexikon. Berlin (Directmedia Publishing) 2000.

Lexikon der Musik 2.0. München (United Soft Media) 1998.

Belser Lexikon der Kunst- und Stilgeschichte. Ebd. 1998.

Lexikon des internationalen Films 2000/2001. München (Systhema) 2000.

Internet-Adressen *(ohne die Bezeichnung „http://www.“)*

Allgemeine Informationsdienste und Suchmaschinen

infoball.de

Zugang zu über 600 Bibliotheken und Datenbanken mit mehr als 100 Millionen Titeln.

meta.rrzn.uni-hannover.de

Meta-Suchmaschine „Meta-Ger“ für 15 deutschsprachige Suchmaschinen und Kataloge; filtert Doppelungen heraus.

klug-suchen.de

Verzeichnet deutschsprachige Suchmaschinen und Spezialdienste.

thebighub.com

Kombiniert sieben Suchmaschinen: Altavista, Excite, HotBot, Infoseek, Lycos, WebCrawler und Yahoo.

Allgemeine Nachschlagewerke

iicm.edu/meyers

Etwa 44.000 Artikel aus „Meyers Universallexikon“ mit Stichwortsuche.

britannica.com

Komplettes Angebot aller 32 Bände der „Encyclopeadia Britannica“.

infoplease.com

Zugriffe auf Wörterbuch, Lexikon und Almanach eines amerikanischen Anbieters; aktuelle Literaturangaben.

Wissenschaftliche Informationsdienste

thesis.de

Doktoranden-Netzwerk „Thesis".

pz-oekosys.uni-kiel.de/~friedel/schulung/wisswww/wisswww.htm

Hinweise zur wissenschaftlichen Arbeit im Internet.

wiso.uni-erlangen.de/WiSo/Sozw/kommpol/empfehl.html

Hinweise zur Gestaltung wissenschaftlicher Arbeiten.

Buchhandels- und Bibliotheksdienste

buchhandel.de

Web-Site mit dem „Verzeichnis Lieferbarer Bücher" (VLB).

laum.uni-hannover.de/iln/bibliotheken/bibliotheken.html und
hbz.-nrw.de./hbz/germist

Sammlungen von Links zu Bibliotheken, verschiedene Suchfunktionen.

inforunner.de

Umfassende Linksammlung zu wichtigen Datenbanken.

subito-doc.de

Kooperativer Dokumentensuch- und Lieferdienst der deutschen Bibliotheken mit Zeitschriftendatenbank (ZDB; ca. 1.000.000 Titel).

bibliothek.uni-regensburg.de

Elektronische Zeitschriftenbibliothek mit über 1.600 Titeln; Verbindung zu rund 100 weiteren deutschen wissenschaftlichen Bibliotheken und Forschungseinrichtungen.

connect.isihost.com.

Englischsprachiger Dokumentendienst des „Institute for Scientific Information", Philadelphia (USA), u. a. mit der Edition „Arts and Humanities" (A&H).

Literaturwissenschaft

gutenberg.aol.de

300 volle Textversionen der Werke vieler deutscher Autoren/-innen des 19./20. Jahrhunderts wie Th. Fontane, J. W. Goethe, H. Heine, K. von Günderode, F. Hölderlin, H. von Kleist, F. Reuter, R. M. Rilke, F. Schiller, Th. Storm.

yahoo.de/Kunst/Literatur

Projekt mit der Rubrik „Kunst:Literatur“ und u. a. den Links: Autoren (38), Bibliographien (1), Bücher (1407), Institute (9), Kritik und Theorie (1), Länder und Kulturen (4), Nach Genre (144).

phil.uni-erlangen.de/~p2gerlw/ressourc/liste.html

Projekt „Germanistik im Internet - Erlanger Liste“.

literaturkritik.de

Ein kostenloser „Rezensionsdienst für Literatur- und Kulturwissenschaften“ von Thomas Anz (Hrsg.) und Lutz Hagestedt (Red.) seit Februar 1999.

Medienwissenschaft

deutsche-mediathek.de/d/Links.htm

Katalog der Deutschen Mediathek mit medienwissenschaftlichen Informationen zu Instituten und Museen.

kontakter.de

Rechercheservice für kommunikationswissenschaftliche Arbeiten.

Kunstwissenschaft

chronicart.com

Umfassendes Kultur- und Kunstmagazin, zweimonatlich aktualisiert.

cdromverlag.de/museum

Informationen zu den Beständen von rund 4.200 deutschen Museen; mit Suchfunktion.

Theaterwissenschaft

in-germany.de/urldatei/theater.htm

Link-Sammlung zum Repertoire deutscher Theater.

Sprachwissenschaft

ids-mannheim.de

Web-Site des Instituts für deutsche Sprache, Mannheim.

duden.de/rechtschreibung/recht_frame.html

Informationen zu Rechtschreibregeln.

wortschatz.uni-leipzig.de

„Deutscher Wortschatz“ mit fünf Millionen Wörtern.

8 Dispositions-Beispiel für einen Vortrag

Die *Grobdisposition* eines Vortrages zum Beispiel im Doktorandenseminar könnte wie folgt gestaltet werden:

Einleitung:
Dank für für die Möglichkeit der Vorstellung des eigenen Projekts. – Treffendes Zitat zum Thema. – Vorstellen der Gliederung.
Hauptteil:
Fakten und Belege zur derzeitigen Forschungssituation.
Folgerungen aus ihr:
a) Wie es nach meiner Auffassung nicht gelöst werden sollte.
b) Wie es nach meiner Auffassung gelöst werden sollte. –
Begründung: Fakten, Belege. Thesen.
Schlußteil:
Zusammenfassung. Ausblick: nächste Schritte. Dank.

Die *Disposition* eines Vortrages zum Thema *Goethe in unserer Zeit – Berührungspunkte zweier Epochen** im Arbeitskreis einer Tagung könnte daher wie folgt aussehen:

(0. Begrüßung; Dank für die Einladung.)

1. *Einleitung*
1.1. Goethe-Zitat zur Charakteristik seiner Zeit. – Rhetorische Frage nach den Hauptcharakteristika seiner Epoche mit Aufzählung; rhetorische Frage nach Goethes Selbstverständnis in seiner Epoche.
1.2. Vorstellung der Gliederung.

2. *Hauptteil*
2.1. Goethe über Dampfmaschine, Eisenbahn, Handelsverkehr und Kommunikation („Wilhelm Meisters Wanderjahre", 1821; „Maximen und Reflexionen", 1833).

---

* Vgl. Gerhard Wagner: *„Ein Werdender wird immer dankbar sein". Welt, Literatur und Kommunikation bei Goethe.* In: *Kunst und Kultur* (Stuttgart). VI (1999) 1, S. 8 f.

2.2. Goethe über „Nationalliteratur“ („Literarischer Sanskulottismus“, 1795) und „Weltliteratur“ („Ferneres über Weltliteratur“, 1829). – Die kulturkritische Tragweite seines Konzepts: seine Abgrenzung von der im Buchhandel dominierenden „narkotischen“ Massenliteratur und vom „Strudeltagsgelese“.

2.3. Konsequenzen von Goethes Konzeptionsbildung in seinem eigenen Schaffen. Beispiel: der Prinzipienstreit um Kunstwert und Massencharakter im „Vorspiel auf dem Theater“ des „Faust. Der Tragödie erster Teil“.

3. *Schlußteil*: Folgerungen für „unsere Zeit“. Zusammenfassung. Ausblick: was weiter erforscht werden sollte.

(4. Dank für die Aufmerksamkeit.)